JEAN-MICHEL ASSELIN

Journaliste depuis 1976, Jean-Michel Asselin a été successivement rédacteur en chef pour *Montagnes Magazine*, *Vertical* et pour la revue *Alpinisme et Randonnée*. Passionné d'alpinisme, il a gravi des sommets sur tous les continents et est l'auteur de nombreux récits de montagne, notamment publiés chez Guérin et chez Glénat. Il coanime l'émission « Passion Montagne » chaque semaine sur France Bleu Isère. *On ne vit pas au sommet* a paru en 2017 aux Éditions du Trésor.

ON NE VIT PAS AU SOMMET

JEAN-MICHEL ASSELIN

ON NE VIT PAS AU SOMMET

Chroniques de montagnes

ÉDITIONS DU TRÉSOR

MIXTE
Papier issu de
sources responsables
FSC® C003309

Pocket, une marque d'Univers Poche,
est un éditeur qui s'engage pour la préservation
de l'environnement et qui utilise du papier fabriqué
à partir de bois provenant de forêts gérées
de manière responsable.

ISBN : 978-2-266-28543-8
Dépôt légal : avril 2019

Aux amis, aux ennemis

Cristal brut des monts
Aux poumons de neige
Vous brûlez dans mes doigts de pierre

AVANT-PROPOS

Ayant exercé le métier de journaliste spécialisé dans le monde de l'alpinisme durant trois décennies, j'ai eu l'extrême privilège de côtoyer les plus belles montagnes du monde et les êtres qui les gravissent. Ce fut une véritable plongée dans un univers merveilleux, où la beauté et le danger s'épousaient dans une étrange cohérence. Beaucoup de mes amis sont partis… Était-ce trop tôt ? Je ne saurais le dire, le mystère leur appartient, mais ces textes portent souvent leur mémoire, ils m'ont inspiré et je les en remercie. Je souhaite au lecteur qui entrera dans ses pages de trouver matière à penser et matière à aimer au point de se dire : « Et si moi aussi, j'allais à la rencontre de la verticalité, et si j'allais m'enthousiasmer pour un glacier, un obélisque de granit, une draperie de calcaire, des cimes adamantines et des neiges éternelles ? » Nul besoin pour cela de devenir un héros, un cascadeur de l'extrême, de simples pas sur un sentier balisé dans un coin des Alpes, des Vosges ou des Pyrénées suffisent pour se rassasier. Les plus aventureux porteront leur regard vers des terres lointaines, ils partiront, le temps de vacances, vers l'Himalaya ou les Andes… Ils découvriront alors cet horizon si particulier qui nécessite de lever la tête et, dans leurs jambes, marquées par la marche, ils sauront que le secret de la beauté est toujours la récompense d'un effort, si petit soit-il.

(MÉS)AVENTURES HIMALAYENNES

Depuis trente-cinq ans, je me balade avec constance et obstination sur les terres himalayennes, au Népal et au Tibet précisément. Je suis d'abord parti pour admirer les cimes qui me fascinaient depuis mes lectures de Tintin et de Maurice Herzog. Puis très vite, face au Toit du Monde, m'est venue la douloureuse et stupide idée de le gravir. À cinq reprises j'ai donc usé mes crampons sur les pentes de l'Everest sans grand succès. Ce n'est pas sans humour que j'ai donc apprécié le livre de Nadir Dendoune, *Un tocard sur le Toit du Monde*[1], qui raconte l'histoire d'un garçon du « 9-3 » ignorant tout des choses de l'alpinisme et qui, contre toute attente, a atteint le sommet de l'Everest en 2008.

Je fais aussi partie de cette famille des tocards, réussissant, en plus, à rater l'Everest à quelque 50 m de dénivelé du sommet (ce qui m'est arrivé par deux fois). Cette montagne m'a coûté de belles douleurs, de gros soucis de compte en banque, quelques désastres affectifs, de trop nombreuses séances de psychanalyse, et bien des insomnies et des cauchemars… Mais

1. JC Lattès, 2010.

aujourd'hui, terminés les nuits blanches et les rêves angoissants, aujourd'hui, je peux n'être qu'un passant et me contenter de lever la tête vers les cimes sans me projeter dans la bataille qu'il me faudrait mener pour les conquérir. Rien de sage, c'est juste le bénéfice de l'âge qui impose la raison.

En revanche, de tous ces sommets et de toutes ces traversées himalayennes, ma mémoire a su conserver la litanie de formidables souvenirs, de visages, de paysages somptueux, d'amitiés solides. Je n'ai même plus en tête les petites mesquineries, les tendres lâchetés, les pauvres malentendus. Mes madeleines sont d'abord des dizaines de carnets, des odeurs de curry, des visions de sari élégant, l'éclat des rhododendrons, le sourire de la neige et le caractère espiègle du vent. En racontant ces moments de vie, je ne fais que forger le monument que j'emporterai avec moi dans l'autre temps, sans haine ni regrets. Un monument à la vie… Si belle. Parfois !

En ratant (de peu) le sommet…
en ratant cependant !

On n’a pas fini de déguster de l’Everest à toutes les sauces… En septembre 2015 était sorti sur les écrans un film titré *Everest*. Ce film, du réalisateur Baltasar Kormákur, avec des acteurs que les amateurs de séries comme *House of Cards* connaissent déjà, a été tourné principalement au Népal et dans le massif alpin du Haut-Adige. Il est basé sur le livre *Tragédie à l’Everest*, contant l’histoire vraie du journaliste et grimpeur américain Jon Krakauer, témoin d’un drame qui coûta la vie à des guides renommés et à quelques amateurs sur le Toit du Monde en 1996… Huit morts à la clé et une histoire des plus incroyables avec tous les ingrédients de la tragédie : amour, gloire et beauté, avalanches, gelures, chutes en tout genre et vent à décorner les bœufs… On va pleurer dans les chaumières.

Autant vous dire que je vais me régaler (le mot est évidemment très mal choisi) en vous contant quelques histoires d’Everest, montagne sur laquelle j’ai passé au total un an de ma vie en cinq expéditions, histoires qui auront une tout autre tonalité que celle de l’héroïsme viril véhiculé par ce film.

Il y a mille et une raisons de rater le sommet de l’Everest mais juste quatre raisons de le réussir. Les quatre raisons de la réussite sont : être bon, puis être bon, ensuite être bon, et enfin, avoir de la chance. Les mille et une raisons de rater l’Everest sont nettement plus variées. L’essentiel : il y a toujours une bonne raison et c’est la faute des autres.

Parmi ces mille et une bonnes raisons, je vais vous raconter le coup des chaussettes… Imaginez qu'un de vos compagnons de cordée, de retour de 8 400 m, vous annonce *in petto* qu'il a raté le sommet à cause de ses chaussettes ! Vous êtes quelque peu surpris, décontenancé, voire interloqué ? Une crevasse pourquoi pas, une tempête encore mieux, mais des chaussettes ?! Quelles chaussettes et quel problème ? Un sherpa, chargé de l'assister dans son ascension avait, selon ses dires, failli. J'ai oublié cette donnée : la vraie bonne façon de réussir l'Everest est d'être en compagnie d'un sherpa qui, lui, se balade sur le Toit du Monde comme vous déambulez avec aisance lorsque vous allez quérir votre croissant chez votre boulanger. Le sherpa qui l'accompagnait, donc, avait négligé de glisser dans son sac à dos la paire de chaussettes de rechange qui constituait l'élément indispensable à la réussite du sommet de mon cher compagnon. Imaginez : rater un Everest qui vous a coûté la bagatelle de quelques dizaines de milliers d'euros pour une paire de chaussettes à dix balles et dont le poids devait atteindre les 175 g. Inadmissible, pour mon cher compagnon, qu'un sherpa ose omettre 175 g de chaussettes alors qu'il portait déjà 15 kg d'oxygène, de boisson, de nourriture et de vestes de rechange ! Quelle feignasse ce sherpa !

Je n'ai jamais su s'il fallait rire ou pleurer mais c'est une histoire vraie, et mon cher compagnon était vraiment persuadé qu'il avait loupé son sommet de n'avoir pu câliner ses petits pieds dans des chaussettes propres et sèches et que le sherpa avait manqué à tous ses devoirs. Une prochaine fois, je vous raconterai l'histoire du grimpeur qui avait oublié ses sous-vêtements dans la cascade de glace, et aussi celle de la grimpeuse qui avait perdu son vernis à ongles au col sud de l'Everest. Rater le Toit du Monde, c'est décidément trop facile !

Apprenti médecin à 5 300 m d'altitude

Être accompagné d'un médecin lors d'une expédition à l'Everest est une merveille de confort… Mais cela comporte aussi quelques inconvénients. En 2003, au camp de base de l'Everest, mon ami médecin Régis avait créé un véritable petit hôpital de campagne. Il est vrai que sa tente siglée d'une croix rouge avait une certaine allure sur le glacier à 5 300 m d'altitude… À l'intérieur se trouvaient à peu près tous les outils nécessaires pour toutes les situations médicales les plus hasardeuses. J'avais pu observer des années plus tôt une curieuse opération d'hémorroïdes, réalisée quasiment à l'Opinel sur la table de camping qui servait habituellement de table à manger… Mais cette époque était révolue et là, en 2003, pour fêter les 50 ans de l'ascension de l'Everest (le fameux *Golden Jubilee* !), nous disposions du matériel le plus innovant qui soit. Bon, en tant que chef d'expédition, j'ai éprouvé quelques sueurs froides, par exemple quand une expédition voisine de la nôtre nous confia un sherpa qui se plaignait de douleurs terribles au ventre. Régis commença par diagnostiquer des symptômes qui ressemblaient furieusement à ceux induits par une crise d'appendicite. Je servais d'assistant et devins vraiment très inquiet lorsque le toubib m'annonça qu'il n'avait pas le choix et qu'il fallait opérer. Seul petit hic, il n'était pas chirurgien et c'est via un téléphone satellite avec un vrai chirurgien que nous étions censés réaliser cette opération incertaine… Finalement, après quelques antalgiques et tout de même une intubation (essayez de faire ça avec des moufles par moins dix degrés et une lampe frontale comme seul éclairage !), le sherpa fut évacué en hélicoptère et traité sans problème à Katmandou.

En réalité, j'ai vraiment gagné mes galons d'aide-soignant quand, en pleine nuit, nous avons récupéré un summiter de l'Everest, c'est-à-dire quelqu'un qui revenait du sommet, et qui était, disons-le, passablement éreinté. Après avoir traité ses gelures aux mains, l'avoir requinqué avec moult boisson et de la bonne nourriture, nous avons conduit le héros près de sa tente. Puis, le médecin, un infirmier et moi-même avons commencé à le déshabiller… C'est ici que, gêné, notre ami nous confessa au passage qu'un désordre intestinal sévère l'avait surpris à 8 000 m et qu'il n'avait pas eu le temps de se déshabiller ! À l'odeur, nous aurions pu le deviner sans qu'il ne nous l'avoue. Eut lieu alors cette saynète surréaliste : notre homme tout nu sur la moraine à 2 ou 3 h du matin, l'ami François, infirmier urgentiste, et moi, apprenti aide-soignant, récurant avec des kilos de Sopalin le corps amaigri et souillé de notre pote vainqueur du Toit du Monde… La scène, si triviale fut-elle, nous faisait hurler de rire et ce soin improbable dans ce paysage hallucinant de l'Everest au clair de lune était très émouvant. Quand nous avons couché notre summiter, tout propre dans son duvet, et que nous avons considéré nos sacs-poubelle remplis de papier, nous avons éprouvé un sentiment de bien-être. Oui, nous avions fait quelque chose de digne et souvent je pense à tous ces infirmiers, ces aides-soignants qui lavent les corps meurtris, les corps trop vieillis et je comprends mieux que cela peut être un beau geste d'amour.

Gastronomie sur le toit du monde

Sur les pentes de l'Everest, on passe pas mal de temps à manger et à boire. Non pas que l'on dispose de vivres à profusion mais simplement parce que c'est une occupation qui permet de tuer le temps allègrement et d'en tirer quelques bénéfices puisque l'altitude est très énergivore… En une expédition, on peut perdre plus de 10 kg…

Eh oui, si vous souhaitez maigrir, rien de mieux qu'un séjour de huit semaines à plus de 5 000 m d'altitude. J'avais même imaginé avec un ami créer des cures d'amaigrissement sur un mode très simple : on vous posait au camp de base côté chinois parce qu'il est accessible en voiture, on vous installait dans une jolie tente avec le droit de manger tout ce que vous voulez et en quantité ! L'altitude ferait le reste… Remboursé si pas satisfait !

De fait c'est un peu plus compliqué. Mais revenons à nos himalayistes qui, dès le matin, au petit déjeuner, engouffraient des œufs, du porridge, des céréales, ajoutant même des petites gâteries genre foie de morue ou thon à la tomate étalé sur des croissants que les cuisiniers sherpas mettaient un point d'honneur à nous préparer… Ça, c'était pour le camp de base, nous mangions tels des ogres : pizzas, frites, beignets, pommes de terre, pasta et poulets qui avaient décongelé et recongelé au moins dix fois avant d'arriver au camp de base… Ainsi que des œufs parvenus miraculeusement intacts sur le dos d'un porteur après cinq jours de marche. Les épices abondantes quant à elles avaient le don de masquer les odeurs douteuses émanant des viandes d'origine incertaine que l'on nous servait. Mieux vaut se tourner vers les légumes, ce qui est souvent simple puisque de nombreux sherpas sont non seulement bouddhistes mais aussi végétariens. J'ai même eu un cuisinier dans mon équipe qui était allergique, selon ses dires, à la couleur rouge ! Cette étrangeté nous valut de ne manger aucune tomate, myrtille, steak de yack, chou rouge et compagnie, et ce d'autant plus facilement qu'il n'y en avait pas !

À très haute altitude, les choses se gâtaient sérieusement. Il existait bien une cuisine au camp 2, à 6 400 m, mais à part du chou râpé en salade, quelques pommes de terre et des pâtes ou du riz super collant, il ne fallait pas rêver. Les sherpas s'en tiraient plutôt mieux, eux qui trimballaient dans des sacs plastique ce qu'ils nommaient « *strong food for sherpas* ». Traduisez par « nourriture forte pour les sherpas »… J'y ai goûté et j'ai regretté : c'était un mélange d'ail, de piment et de gingembre vaguement fermentés qui servait de sauce et de liant à de la tsampa, une farine que l'on pétrit avec de l'eau ou du thé… Super énergétique mais immangeable.

Restaient les fameux repas lyophilisés… Ah ! ces sachets avec des noms magiques : épinards aux crevettes, pâte à la carbonara, paella, sauté de veau Marengo… Surtout ne pas se faire d'illusion : une fois que vous avez noyé la poudre avec de l'eau chaude, vous obtenez un brouet qui, quel que soit son intitulé, aura toujours le même goût, genre plat raté trop salé. Mais il y eut pire, au camp 4, à 8 000 m, dans le chaos des tentes, j'ai vu, de mes yeux vus, un de mes congénères faire fondre de la neige pour se fabriquer un thé. Pour cela, il avait simplement pris une gamelle qui traînait, pleine de neige, dans l'abside d'une tente. L'eau qui se formait dans la gamelle prit très vite une curieuse couleur et l'assoiffé allait y glisser un sachet de thé quand un des alpinistes présents lui demanda avec étonnement ce qu'il faisait avec sa *pee bottle*… *Pee bottle*, un mot britannique que l'on traduira par « pot de chambre » ! Imaginez le thé ! C'est aussi ça, l'Everest !

Dis-moi ce que tu lis…

En expédition sur les grandes montagnes de l'Himalaya, il faut s'attendre à s'ennuyer, à vivre de longs moments de solitude, calé relativement au chaud dans un bon duvet sous sa tente. C'est finalement un sport de fainéant car la météo commande tout mouvement, et bien souvent la météo est pourrie. On se contente donc d'attendre, avec diverses distractions, qui ont été pour moi la lecture. Lecteur compulsif, j'ai toujours possédé dans mes bagages plus de livres que de pâtes de fruits. Et j'ai toujours recommandé chaudement à mes camarades de jeu de transporter une bibliothèque conséquente, ce qui me permettait, une fois épuisé mon stock, de taper dans le leur. J'ai donc lu tout et n'importe quoi, de *SAS* à Tolstoï en passant par *Les Lettres de Van Gogh à son frère* ou *La Sexualité d'un plateau de fruits de mer.*

La lecture est sans doute le moyen le plus sûr d'oublier le vent, le grondement des séracs, ou le glissement des avalanches. Attention cependant à ne pas lire des livres à connotation trop érotique ! L'himalayiste doit conserver son sang-froid et ne pas laisser ses pensées divaguer du côté des plaisirs charnels… Enfin je dis ça : vous faites bien comme vous voulez !

Et justement du côté du Cho Oyu au Tibet, j'avais installé ma tente près de celle de la jeune et jolie grimpeuse espagnole qui partageait mon goût des poésies de Luis de Góngora ou celles de Federico García Lorca. De sa tente émanaient des effluves de jasmin – pas de la mienne. Il se trouve qu'une armada d'alpinistes australiens débarqua au camp de base. Pas de chance, Mirari (prénom de ma charmante Espagnole) parlait parfaitement anglais et les Australiens étaient plutôt des jeunes gaillards, modèle surfeur, il lui fallut 45 secondes pour s'éprendre d'un bellâtre blond.

Au début tout se passa bien, le jeune homme encore peu acclimaté modérait ses élans et mis à part des conversations tardives qui me parvenaient depuis leur tente, je n'étais en rien gêné par ce flirt à l'altitude déraisonnable de 5 600 m, seul en souffrait mon amour-propre d'avoir été évincé un peu prestement par la belle Espagnole. Seulement le brave jeune homme avait des facultés d'acclimatation plutôt correctes et il fut très vite en pleine forme. Au point de passer à des relations plus… comment dire plus… concrètes avec Mirari.

Et là, j'ai vécu l'enfer, le mauvais temps nous bloquait au camp de base, les prévisions météo étaient mauvaises pour au moins huit jours et non seulement il me fallait m'ennuyer, mais encore supporter les séquences sonores des ébats amoureux de mes voisins, dont la tente était séparée de la mienne par 2 ou 3 m. J'ai tout essayé : les boules Quiès, un livre de Salman Rushdie, et même le génépi. Mirari avait l'orgasme bruyant : de quoi devenir fou… J'aurais pu changer ma tente de place mais c'était comme battre en retraite. Le beau temps m'a sauvé, l'Australien n'a pas résisté à un œdème pulmonaire, il a été rapatrié, penaud, vers le bas et j'ai pu reprendre avec Mirari le plaisir de chanter en commun ces vers de Lorca sur une musique de Paco Ibáñez :

« *La señorita del abanico*
va por el puente del fresco río.
Los caballeros con sus levitas
miran el puente sin barandillas. »

Un gros problème

J'aime raconter l'histoire qui va suivre, simplement parce que je revois des visages aimés, des visages aujourd'hui disparus, et je sais bien qu'en les ramenant à la surface de ma mémoire, ils n'ont pas vraiment quitté ce monde, mon propre monde.

Nous sommes une fois de plus sur les pentes de l'Everest… C'était une époque où, pour anticiper les secrets de la météo, nous n'avions que la ressource de regarder le ciel, mouiller notre doigt, le tendre vers le haut et faire semblant d'avoir l'intuition de ce que le vent allait apporter à l'échéance de quelques jours.

Comme nous espérions le beau temps, nos prévisions étaient quasiment toujours optimistes : oui, demain il ferait beau.

Cette stratégie nous valut quelques désillusions et faux départs… Je dois à ces calculs météo très empiriques d'être monté avec un ami, pur *British* et donc charmant, au col sud de l'Everest, le camping le plus haut du monde, à près de 8 000 m.

À cette époque, nous ne mesurions guère les efforts et, grosso modo, nous avions choisi de monter là-haut, comme ça, sans espoir de sommet. Nous montions juste pour voir, juste pour apprivoiser un peu plus l'altitude et surtout constater le travail accompli par les sherpas partis en éclaireurs pour approvisionner le camp avec des vivres et du gaz. Nous avions débarqué au col Sud (7 980 m) un peu fatigués, voire plus, c'était à la tombée de la nuit et bien sûr, côté météo, je m'étais mis le doigt dans l'œil. Un vent des plus méchants nous avait cueillis au col et nous nous étions jetés dans une tente, un peu inquiets pour la suite de la soirée. Avant de me caler dans mon duvet, je m'étais emparé des trois charges apportées la veille par les sherpas. Je savourais déjà les lyophilisés que nous allions déguster après une journée plutôt longue... Seulement voilà, dans le premier sac : point de lyophilisé et point de gaz, idem dans le deuxième et le troisième. À ma grande surprise et à mon grand dam, je ne pouvais que faire ce constat, chaque sac contenait un parapente, et seulement un parapente... Autant dire rien à manger et rien à boire, ce qui à 8 000 m pose quelques problèmes. J'étais furieux et dans le talkie-walkie qui me permettait de dialoguer avec le camp de base je hurlai :

— *Big problem !* Gros problème, on est à 8 000 on n'a rien à manger, rien à boire, on va mourir, qu'est-ce qu'on fait ?

La réponse fut simple :

— Ben, on ne peut rien faire pour vous, attendez le matin. Une équipe monte vous rejoindre...

J'ai regardé mon compagnon d'infortune qui ne semblait pas affecté le moins du monde par la situation, et j'ai dit :

— On attend. (Non sans ajouter :) Ça craint !

Pour agrémenter la situation, le vent redoublait d'effort, et nous connaissions cette anecdote de deux alpinistes coréens qui s'étaient littéralement envolés avec leur tente au col Sud. Certes, les Coréens sont légers mais quand même ! Pour lester notre frêle esquif, j'entrepris de le charger avec de vieilles bouteilles d'oxygène vides qui traînaient autour de la tente. La nuit fut, osons le mot, plutôt horrible, le vent battait la toile comme s'il s'était agi d'un misérable drapeau... Mon ami, qui avait quelques problèmes d'audition et un moral à toute épreuve, me criait par-delà le mur de bouteilles qui nous séparait…

— *It's wonderful*, Jean-Mi, c'est merveilleux...

Et nous avons tenu bon ! Mais depuis cette nuit, un de mes surnoms au Népal n'est autre que « Big problem » !

Les dés sont jetés !

Les alpinistes sont-ils superstitieux ? Moi, à coup sûr, et j'en connais un autre qui a toutes les raisons de l'être. Sans doute avez-vous entendu parler de l'aventure incroyable qu'a vécue un alpiniste britannique nommé Joe Simpson. Il a raconté son périple dans un livre devenu un best-seller, *La Mort suspendue*[1], et, pour faire court, il s'agit d'une histoire de survie des plus invraisemblables. Joe Simpson et son copain de cordée Simon Yates étaient en train de gravir une montagne de 6 000 m d'altitude au Pérou quand l'un des deux (Joe en l'occurrence) fait une chute et se blesse (jambe brisée probablement) alors qu'ils se trouvent pratiquement au sommet. La descente se transforme en un véritable calvaire et lors d'un passage un peu raide dans la neige, Joe chute et se retrouve dans le vide, pendu à sa corde. À l'autre bout Simon Yates a pu enrayer la chute, mais il se retrouve bien vite dans une position des plus inconfortables. La corde lui scie le corps et lentement mais sûrement, le poids de Joe l'entraîne à son tour vers la chute. Que faire ? Il a beau hurler, Joe ne l'entend pas, Joe ne répond pas, peut-être est-il mort ? Le temps passe et cette fois il n'y a plus d'alternative : si Simon ne coupe pas la corde, il va à son tour glisser dans le vide et ç'en sera fini !

Simon va donc faire ce geste difficile, culpabilisant, horrible mais vital : il va couper la corde qui le relie à Joe ! Plus tard au cours de sa descente, il va bien sûr rechercher l'endroit où Joe a pu s'échouer, après tout, s'il est tombé dans la neige, il a pu survivre. Je ne vous

1. Glénat, 2004.

raconte pas la suite, mais il se trouve que Joe a échappé à la mort, a rejoint son compagnon quatre jours après sa disparition et, grâce à cette aventure, est devenu un écrivain à succès.

Le plus étonnant fut de lire quelques années plus tard son autobiographie… Dans son ouvrage *Encordé avec des ombres*, on se rend compte à quel point Joe Simpson est un véritable chat noir… Il a vécu grosso modo tous les pires accidents que l'on puisse imaginer : on passe de morsures de cobra quand il est enfant aux chutes les plus variées et il n'est guère de montagne qu'il grimpe sans que surviennent un éboulement, une avalanche ou tout autre accident dont, par chance, il se sort indemne. C'est le genre de fréquentation très sympathique qu'il vaut mieux éviter à bord d'un avion ou d'un bateau de croisière. Et encore plus sur les pentes d'une quelconque cime.

Quelle ne fut pas ma surprise quand, débarquant en Himalaya en 1998, au camp de base du Pumori, la première personne que j'aperçus sur la moraine fut Joe Simpson :

— *I'm still alive*, je suis toujours vivant, hurla-t-il de loin pour me saluer.

Aïe, aïe, aïe ! J'ai regardé la montagne derrière lui, et je me suis dit que s'il était venu lui aussi pour la gravir, la partie était loin d'être gagnée.

Le premier soir, j'ai constaté que les nuages s'amassaient vers l'ouest, signe prémonitoire de tous les déboires que nous ne manquerions pas de vivre. Mais le soir même, devant une bière, Joe m'annonça qu'il renonçait et quitterait le camp de base le lendemain. Voilà trois semaines qu'il s'échinait sur la montagne, sans grand résultat et puis, hier, il avait perdu aux dés, ce qui, à son avis, ne présageait rien de bon. Je n'ai rien fait pour le contredire, je crois même avoir abondé dans son sens.

Il est donc parti le lendemain, le temps s'est remis au beau et j'ai gravi ce sommet de 7 260 m avec une facilité déconcertante, remerciant le ciel et surtout Joe Simpson de s'être éclipsé de cette belle montagne.

Et le yéti dans tout ça ?

— Dis-moi Passang, ça existe, le yéti ?

J'ai posé cette question à 5 000 m d'altitude, un jour de décembre alors que j'avançais avec peine sur un glacier chaotique du Langtang, en route vers la frontière tibétaine. Poser une question, cela provoque deux choses : on est d'abord contraint de s'arrêter, ce qui permet de souffler, et puis, avec un peu de chance, on va obtenir une réponse qui va nous ouvrir des horizons nouveaux. Passang m'avait regardé d'un œil suspicieux puis, tranquillement, a balayé l'horizon de sa main et m'a dit calmement :

— Tu vois, ici c'est une région tranquille.

Et pour cause voilà six jours que nous marchions dans une solitude absolue. Personne devant, personne derrière et le premier village à quelques années-lumière. Nous avions froid, nous avions faim, notre téléphone satellite n'avait plus d'unités. Oui il régnait une vraie solitude. Les seules traces autres que les nôtres étaient celles d'un animal de rêve : une panthère des neiges qui semblait nous devancer…

Après cette première déclaration, Passang reprit son souffle, puis il ajouta :

— Les yétis aiment beaucoup les glaciers où il n'y a pas de pollution ni de bruit. Les yétis sont un peu timides, un peu secrets, ils se méfient des hommes, mais ici, il est possible qu'on en voit un.

Puis il se tourna, réajusta son sac à dos et continua son chemin. Plusieurs jours plus tard, nous dûmes faire demi-tour parce que notre entreprise de franchir la frontière népalo-tibétaine illégalement via ce glacier du Langtang s'enlisait dans des neiges trop épaisses.

Nous n'avions plus de nourriture ou si peu, et même en marchant à grandes enjambées nous savions qu'il nous faudrait plusieurs jours avant de mettre les pieds sous une table et déguster un bon poulet tandoori.

Enfin, à une journée de marche du premier village, l'estomac dans les talons, alors que nous ressemblions plus à des diables barbus et sales qu'à des prétendants lors d'un bal des débutantes, j'eus une idée saugrenue. Passang et deux sherpas marchaient à quelque distance de nous, car nous étions deux dingues de Français, alors je fis part à mon ami d'une petite farce… Ainsi, sur un sol meuble, j'enlevais mes chaussures, mes chaussettes et m'amusais à laisser des empreintes qui ma foi, dans mon esprit, pouvaient tout à fait correspondre à celles d'un yéti…

C'est vers midi que nous avons débarqué dans le village tant attendu… En ce mois de décembre il y avait fort peu de monde et un seul lodge ouvert. Le temps était très beau et deux jeunes filles chaudement vêtues prenaient le soleil sur la terrasse. Comment ne pas les rejoindre, comment ne pas profiter enfin d'un instant de bonheur en contemplant des visages souriants, en écoutant le chant de ces voix féminines qui nous avaient tant manqué ?

Une bière à la main, nous plaisantions avec nos nouvelles amies qui avaient le bon goût d'être françaises, ce qui facilite toujours la conversation. On jouait un peu les héros de retour du front et quand les sherpas nous rejoignirent, je ne pus m'empêcher de blaguer Passang.

— Dis donc, tu n'as pas vu sur le sentier de drôles de traces ? On aurait dit des traces de yétis. C'est peut-être dangereux ?

Passang me toisa en souriant et laissa tomber cette réponse définitive :

— Je crois que ces traces sont celles de yétis, mais plutôt de yétis français. (Puis il ajouta :) Mais ça n'est pas dangereux sauf pour les deux jeunes filles avec qui les yétis discutent.

Et pan, dans les dents !

La preuve du sommet

Aujourd'hui, on pense que près de six mille personnes ont atteint le sommet du Toit du Monde, l'Everest, qui culmine à 8 850 m, et ce en cinquante-quatre ans de fréquentation ! Pour comparaison, les prétendants au sommet du mont Blanc représentent chaque année près de 25 000 personnes ! On peut donc avoir encore quelque espoir d'une relative solitude quand on choisit de gravir le Toit du Monde… Mais sur l'Everest, et d'ailleurs sur tous les sommets himalayens, il existe un autre problème que celui de la fréquentation, celui de la preuve du sommet. En effet si vous êtes seul à l'instant du sommet, quelle preuve allez-vous ramener pour obtenir le précieux diplôme de summiter ? La plupart du temps, on se contente de faire une photo, c'est ce document qui fera office de preuve… Mais si votre appareil ne fonctionne pas, il faut trouver autre chose, ainsi certains alpinistes solitaires s'efforcent de déposer quelque chose de personnel au sommet qui témoignera ainsi du succès de leur ascension. Ce peut être un objet, un message, certains ont déposé une photo, d'autres une partie de leur équipement. C'est ainsi que le sommet de l'Everest et quelques autres sommets himalayens recèlent d'objets insolites : en vrac, on trouve des bustes de Mao, de Bouddha, des portraits du pape, de Lénine, un nombre incalculable de photos de petites amies, des fanions d'entreprises, une bouteille de rhum, etc.

L'idée est de laisser quelque chose pour signer son passage, mais aussi d'honorer d'un cadeau la divinité qui hante le sommet des monts himalayens. J'ai connu un alpiniste russe qui avait gravi l'Everest en solitaire dans des conditions difficiles… À tel point qu'à son retour au camp de base, certains alpinistes émettaient quelques doutes quant à sa réussite. La plupart, des Espagnols, avaient devancé le Russe à quelques jours d'intervalle et s'étonnaient de son succès d'autant qu'il ne ramenait aucune photo… Mais notre Russe avait de la ressource et quelle ne fut pas la surprise de ce groupe fraîchement descendu du sommet quand il leur dit :

— Vous n'avez pas oublié quelque chose là-haut ?

Et sitôt dit, le voilà qui sort de sa poche une chaîne avec un crucifix… Un des Espagnols reconnut immédiatement la petite croix dorée qu'il avait accrochée sur un pieu métallique fixé au sommet ! Bien vu le Russe !

Quant à moi, il m'est arrivé une fois de me retrouver près du sommet de l'Everest avec un sherpa… Le temps n'était pas de la partie et battus par le vent qui arrachait la neige, nous avions dû renoncer au pied du ressaut Hillary à 8 800 m. Renonciation d'autant plus facile que nous avions failli partir dans le vide suite à la rupture d'une corniche. Sagement le sherpa m'avait dit :

— On rentre à la maison.

Mais un peu plus loin, il avait ajouté :

— Nous sommes seuls, personne n'est témoin, alors si tu veux, je peux dire qu'on a fait le sommet, et en plus pour toi, c'est gratuit !

J'ai compris que cette pratique n'était pas totalement exceptionnelle et que, moyennant finance, un sherpa était prêt à m'inventer le sommet. J'ai décliné l'attention, parfois je le regrette, ça m'éviterait de devoir répondre à cette question que l'on me pose systématiquement :

— Mais pourquoi tu t'es arrêté à deux reprises à 50 m de dénivelé du sommet ?

Il n'est pas toujours facile d'être un perdant.

Un courrier sympathique

Dans les expéditions lointaines en Himalaya, avant l'apparition des téléphones satellite et des mobiles, il existait dans les camps de base, du côté Népal, un personnage important : le *mail runner*... Qu'on pourrait traduire par le « postier qui court » ! En effet, un sherpa avait pour fonction de transporter le courrier en provenance de Katmandou jusqu'au cœur des camps de base et inversement. Une entreprise curieuse qui permettait à une lettre parvenue à Katmandou d'atteindre par exemple le camp de base de l'Everest en quelque trois jours, transportée comme il se doit à pied, depuis le dernier aérodrome.

Autant dire que l'arrivée du *mail runner* dans les camps provoquait toujours une vive émotion... Chacun espérait l'arrivée d'une lettre en provenance d'une fiancée, de la famille, moment de grâce dans un univers quelque peu brutal.

Je me souviens comme nous étions jaloux d'une lettre qu'un de nos congénères avait reçue de sa petite amie, avec comme seule mention libellée sur l'enveloppe : son nom, suivi de « Camp de base de l'Everest, Népal » ! Comment une lettre avait-elle pu lui parvenir avec une adresse si succincte ?

Je me souviens aussi d'un ami qui avait reçu une carte postale en provenance de Camargue. D'après lui et la signature, c'était sa fille qui lui envoyait un petit bonjour touchant, écrit d'une main très enfantine, apte à faire fondre le plus rugueux des himalayistes... Mon ami était très heureux, il avait affiché sa carte dans sa tente et relisait le petit « Je t'aime papa » rédigé d'une main tremblante... Jusqu'au moment où il s'interrogea sur la provenance de cette carte. Sa fille de 3 ans ne savait pas écrire et, en plus, il n'y avait guère de raison qu'elle se trouve en Camargue. Il avait alors regardé l'enveloppe sur laquelle il était simplement indiqué « Mon papa, expédition française au Camp de base de l'Everest, Népal »... C'est alors que j'ai été pris d'un doute et que je lui ai demandé :

— Au fait comment s'appelle ta fille ?

— Julie, me répondit-il.

J'ai respiré un grand coup et j'ai compris : ma propre fille, alors plus âgée, elle devait avoir 9 ans à l'époque, se prénommait également Julie ! Et c'était bien moi le destinataire de la précieuse carte. Huit jours après son arrivée au camp de base, cette lettre faisait donc un autre heureux ! On appelle ça faire d'une pierre deux coups !

Le téléphone satellite a évidemment changé les choses et depuis quelques années même le simple téléphone mobile fonctionne dans les endroits les plus reculés du Népal. On y a perdu en poésie, mais on peut maintenant répondre au coup de fil d'un ami : « Désolé, je te rappelle plus tard, en ce moment présent, je suis en train de gravir l'Everest. À tout à l'heure. » Et ce, juste avant d'envoyer un selfie depuis le sommet.

La sanction

Bien des années en arrière, j'avais accompli avec quelques privilégiés une des premières routes du Kailash, cette montagne sacrée du Tibet, et ce, en progressant depuis les hautes vallées de l'ouest du Népal. Cette reconnaissance nous avait permis de cheminer plusieurs jours dans un territoire très peu parcouru qui menait à la frontière tibétaine... J'étais parti fatigué et j'avais dû assez vite prendre des médicaments pour soigner une toux persistante. Le Kailash, montagne interdite aux alpinistes, réserve un pèlerinage fabuleux qu'on appelle la Kora et que tout bon Tibétain doit vivre au moins une fois dans sa vie. On accomplit donc le tour de la montagne avec les Tibétains mais aussi les pèlerins indiens, puisque la montagne intéresse autant les bouddhistes que les hindouistes, incarnant pour chaque religion une divinité... Au milieu d'un parcours qui se déploie sur 57 km, il faut franchir un col relativement haut, à 5 670 m, ce col, c'est le Drolma La, littéralement le « col du passé ». Les pèlerins, peu avant ce col, se délestent de leur passé en jetant des vieux vêtements, en se coupant une touffe de cheveux, voire en s'arrachant une dent. Il se trouve que parvenu au col du passé, il m'est arrivé une chose étrange : totalement épuisé, j'avais dû m'asseoir sur une pierre et il m'était impossible d'aller de l'avant... Après quelques tentatives je m'étais résolu à rebrousser chemin. Un ami sherpa m'avait accompagné, voyant que j'étais dans un piteux état. À quelques heures de marche du col, je m'étais allongé près d'une rivière, persuadé que ma mort était proche... Je m'étais fait une raison, me disant que je ne souffrais pas, que le paysage était beau, et que je n'y pouvais rien… J'étais un peu l'Indien qui affirme dans *Little Big Man* : « C'est un beau jour pour mourir. » Mais, ça n'était pas l'heure et, après une longue attente, il me fallut me rendre à l'évidence : je ne mourrais pas ! Nous avons donc repris notre route vers le bas et bientôt nous arrivâmes au village de Darchen. Une Tibétaine m'ouvrit sa porte, m'installa sur un banc avec des couvertures et s'en alla quérir un médecin dans le village. C'est une grande et belle jeune fille, une jeune doctoresse allemande en voyage, avec de longues nattes noires, qui vint m'examiner. Perplexe, elle ne sut quoi diagnostiquer, mon cœur fonctionnait correctement, mon souffle était bon, mais son visage, qui reflétait son inquiétude, me laissait deviner le pire quant à ses conclusions… Enfin, elle me fixa droit dans les yeux et, du haut de sa belle jeunesse, définitive, elle m'assena :

— Je ne vois qu'une chose, vous êtes probablement trop vieux. Oui, bien trop vieux.

Une sanction terrible qui cette fois faillit bien me tuer… Au moins psychologiquement ! Je n'avais que 45 ans. Les jeunes sont impitoyables !

Des coquillages à 8 000 m

Dans les grandes montagnes de l'Himalaya il y a bien plus de vie qu'on ne l'imagine. On croit toujours que ce sont des grands déserts de pierre et de glace vides de toute végétation et de faune… Que nenni ! Prenez par exemple le camp de base de l'Everest à 5 300 m d'altitude. Certes, nous sommes à la latitude du Caire, mais 5 300 m, c'est haut ! Eh bien, il existe dans le dédale des pierres, des colonies de petits animaux qui ressemblent à un mélange entre une souris, une marmotte et un lapin et que l'on nomme les pikas ! C'est charmant et si vous êtes suffisamment patients, les pikas, au fil des jours, vont s'enhardir jusqu'à grignoter des restes de gâteaux devant votre tente…

Les oiseaux sont également très présents. Un peu partout dans les camps de base, j'ai toujours pu voir de belles compagnies de perdrix de l'Himalaya, mais aussi des pigeons et les inévitables grands corbeaux qui n'ont peur de rien et suivent de près les himalayistes, espérant toujours qu'ils laisseront des reliefs de leur repas. Ces grands corbeaux sont les plus audacieux, et surtout les plus alpinistes de tous les oiseaux. Ils grimpent partout, y compris jusqu'au camp du col Sud à 8 000 m. Ils ne montent pas pour rien : en effet, au col Sud, les alpinistes et les sherpas entreposent bien souvent des sacs de vivres : sachets d'aliments lyophilisés, boîtes de conserve, etc. Les grands corbeaux (je rappelle qu'ils ont la taille d'une grosse buse) arrivent à percer les boîtes de conserve avec leur bec ! Parfaitement insensibles au manque d'oxygène ou aux tempêtes qui fragilisent les êtres humains, ils ouvrent les sacs et picorent tout ce qu'ils trouvent ! Plus extraordinaire encore, j'ai vu des grands corbeaux picorer des sacs de nylon contenant des parapentes. Ils s'étaient littéralement livrés à un véritable carnage, mettant en pièces les parapentes comme si cela avait été de la pâte à crêpe. Voyaient-ils dans ces engins volant une concurrence possible à la conquête des airs ?

J'ai également aperçu au col Sud, toujours à 8 000 m, posés sur la neige, quelques jolis papillons, mais je crains fort qu'ils n'aient pas atteint cette hauteur de leur plein gré ! Un vent fripon les avait très certainement convoyés sans leur consentement à l'altitude des avions de ligne.

Au chapitre des curiosités, une chose cependant l'emporte : la présence d'animaux marins ! Non, ce n'est pas une hallucination, près du sommet de l'Everest, dans des strates de calcaire que l'on appelle les « bandes jaunes », on tombe parfois sur une ammonite fossilisée. La bestiole devait nager dans une mer chaude quelques centaines de millions d'années plus tôt… avant que les fonds marins ne se redressent et n'inventent l'Everest !

Le chien le plus haut du monde

Nos amis les chiens pratiquent-ils la montagne ? Indubitablement oui… Prenez le célèbre révérend Coolidge qui, à la fin du XIXe siècle, gravit nombre de sommets dans les Alpes (près de mille sept cents) avec sa tante miss Meta Brevoort. Cette cordée familiale et célèbre était souvent accompagnée lors de ses courses d'une petite chienne appelée Tshingel. Tshingel a ainsi escaladé quelque trente-six cols et autant de sommets dont le mont Blanc, le mont Rose, l'Eiger, la Jungfrau, la Grande Ruine ou le Râteau de la Meije pour ne citer que les plus prestigieux.

Je connais de mon côté nombre de chasseurs qui parcourent la haute montagne avec leurs chiens mais aussi quelques skieurs de randonnées qui ne sauraient se passer de leurs compagnons, même sur de très hauts sommets… Seule la descente pose en général quelques problèmes à la gent canine qui, ne disposant pas de skis, a vite fait de se geler les coussinets. J'ai également personnellement connu des chiens de traîneaux qui ont réussi le sommet du mont Blanc… Mais le chien le plus haut du monde fut sans doute Sac-à-puces. C'est le nom, peu flatteur mais réaliste, que nous avions donné à un gros molosse noir qui avait suivi des alpinistes jusqu'au camp de base de l'Everest. Il les accompagnait depuis leur arrivée en avion à Lukla, à huit jours de marche dudit camp de base. Sac-à-puces aimait les alpinistes au point de les suivre dans le dédale du glacier, allant jusqu'à se coucher dans la glace au pied des échelles qui permettent de franchir les crevasses, chose qu'il ne pouvait accomplir par ses propres moyens, on s'en doute. D'où ma surprise, un jour, de le retrouver à près de 6 200 m dans la combe ouest de l'Everest… Comment avait-il réussi à vaincre tous les obstacles de la cascade de glace ? À coup sûr, des alpinistes inconscients l'avaient aidé et ce pauvre Sac-à-puces errait maintenant près du camp 2 à 6 400 m, bien incapable de redescendre… Surprenant de ténacité et d'audace il parvint tout de même au camp 3 à 7 300 m et toujours sans masque à oxygène ni vêtement en duvet… j'ai pensé un temps qu'il serait peut-être le premier chien à atteindre le sommet du Toit du Monde mais Sac-à-Puces a disparu du jour au lendemain, devenant la première victime canine de l'Everest.

En souvenir de lui j'avais appelé ma chienne, un petit labrit incroyablement sympathique, Everest, mais je ne crois pas qu'elle ait jamais dépassé 2 500 m, altitude à laquelle les marmottes se faisaient plus rares, lesquelles marmottes constituaient sa motivation la plus solide pour daigner m'accompagner sur les sommets !

Méditer pour avoir chaud

L'histoire la plus curieuse qu'il me soit arrivé de vivre en montagne s'est déroulée au Tibet, tout près du camp de base de l'Everest. Je me trouvais sur les hauteurs qui dominent le monastère de Rongbuk, situé à 5 300 m face à l'Everest. Ce monastère vieux de plusieurs siècles fut en partie détruit. En 1989, il était vraiment à l'abandon mais une petite dizaine de moines quelque peu dépenaillés vivaient encore dans une pièce sombre où trônaient quelques statues de Bouddha. Pendant la révolution culturelle, les fringants Gardes rouges avaient mis à sac ce haut lieu du bouddhisme, puis, un tremblement de terre avait achevé leur travail. J'étais monté bien au-dessus du monastère, à près de 6 000 m, et, dans une sorte de canyon, j'avais repéré des grottes dont certaines portaient encore les traces des ermites qui les avaient occupées à l'époque de la grandeur du monastère. Elles étaient également vulgairement taguées par des visiteurs obscènes, stupides ou, pire, ignorants. De retour dans le gompa, le vieil abbé m'avait invité à boire le thé et dans un langage où se mêlaient le tibétain, des bribes d'anglais et pas mal de gestes, nous avions évoqué la pratique du tumo. Il s'agit d'une technique de méditation que des explorateurs comme Alexandra David-Néel ou Fosco Maraini ont décrite… Par un simple exercice de respiration, le méditant parvient à élever la chaleur de son corps ! Une manipulation très utile quand on pratique l'alpinisme. Devant mon air dubitatif, l'abbé avait demandé à un jeune moine de me prouver la réalité de ce fameux tumo. Nous étions sortis de la pièce enfumée et, face à l'Everest, le jeune moine s'était assis sur la terre gelée, puis il avait découvert ses épaules. L'abbé avait placé sur lui une couverture et, à ma grande surprise, il vida un seau d'eau froide sur le dos du novice… Ce dernier eut un sursaut, puis sans bouger, il se mit à réciter des mantras. Il ne fallut que quelques minutes pour que la couverture se mette à fumer. Précisons que la température extérieure était négative. Pourtant, un quart d'heure plus tard, la couverture était quasiment sèche et le moine semblait bien loin de toute espèce de froid. J'étais bluffé, j'ai pensé que le moine était peut-être fiévreux, que l'eau n'était pas si froide que je ne le pensais. Ou que les tours de magie n'étaient pas l'apanage des cabarets parisiens. J'ai également pensé qu'il y avait là une vraie technique, un vrai travail de l'esprit sur le corps… J'ai essayé de retenir les mantras (surtout celui de Padmasambhava : *Om Ah Hum Benza Guru Pema Siddhi Hum*), mais le moine m'a signifié qu'il fallait d'abord apprendre à baisser les épaules, et à respirer tranquillement avec le ventre… À ce jour, je n'arrive toujours pas à imiter le four à micro-ondes mais je dois avouer que parfois le simple fait de me tranquilliser, de relâcher mes épaules et de respirer avec attention me permet d'oublier que le froid est gênant…

La fin des Barrard

Sans doute bien peu de gens se souviennent de ce formidable alpiniste, Maurice Barrard, décédé le 24 juin 1986, avec son épouse Liliane, sur les pentes du K2 au Pakistan, le deuxième plus haut sommet de la terre : 8 611 m. Dans les années 1980, cet éducateur spécialisé, passionné de montagne, grimpait dans un style dépouillé, en bon style, dirait-on aujourd'hui. Il avait bourlingué au Pérou, au Groenland, mais c'est au Pakistan, haut lieu des 8 000 himalayens, qu'il donna sa préférence. Je l'avais interviewé avant son départ pour le K2 dans le petit bar de la Table Ronde à Grenoble. Maurice n'était guère un être « bling-bling », c'était un modeste qui faisait de grandes choses et qui, depuis quelques années, réussissait ses exploits avec son épouse Liliane. Quand ils partirent pour le K2, Maurice avait 44 ans et Liliane, 37. À leur palmarès, ils avaient accroché de belles montagnes comme le Nanga-Parbat ou le Gasherbrum 2, des 8 000 réputés. Maurice, avec un ami, avait aussi accompli une ascension très originale sur le Hidden-Peak, un 8 000 pakistanais sur lequel il avait utilisé des skis nordiques pour relier le sommet sud (7 069 m) au sommet principal (8 068 m), en effectuant une traversée de plus de 5 km. Une belle première ! Les deux hommes s'inscrivaient véritablement dans le style alpin, ne disposant que de l'aide d'un seul cuisinier au camp de base.

Le K2 était une autre paire de manches. Maurice avait échoué sur cette montagne en 1979 avec la dernière grosse expédition nationale française et depuis, il militait pour des expéditions les plus modestes possible. Le 22 juin 1986 Maurice, Liliane, en compagnie du reporter Michel Parmentier et de la célèbre alpiniste polonaise Wanda Rutkiewicz, en sont à leur cinquième jour d'ascension, tous les quatre approchent du sommet mais visiblement, Maurice et Liliane traînent un peu la patte. Ils décident contre toute attente de bivouaquer à 8 400 m… Les quatre grimpeurs ne disposent que d'une petite tente et pas même de sacs de couchage. La nuit est très dure, mais le 23 juin, ils atteignent le sommet. Le temps est magnifique et Parmentier témoigne :

— Je suis resté comme si j'étais sur la plage à regarder la mer…

À la descente, très éprouvés, Maurice et Liliane décident de bivouaquer une seconde fois à 8 400 m… Les alpinistes passent une nouvelle nuit encore plus dure que la précédente. Des Basques qui ont aussi atteint le sommet passent devant leur tente et Liliane lance ces mots terribles :

— J'entends des vivants.

À quoi Maurice rétorque :

— Je m'en fous, des vivants !

Le matin du 24, alors que la tempête s'est installée sur le K2, le quatuor reprend sa descente… Michel et Wanda vont le plus vite possible et arrivent enfin au dernier camp vers 7 400 m. Wanda affirme à Michel que les Barrard sont juste derrière elle. Mais ils ne parviendront jamais à ce camp. Entre le 23 juin et le 4 août 1986, vingt-sept alpinistes atteindront le sommet du K2 et treize d'entre eux mourront. Ce n'est qu'en 1998 qu'on a retrouvé le corps de Maurice au pied de la face. Dans son interview, il m'avait déclaré : « Pour réussir aujourd'hui un sommet himalayen, il faut passer le moins de temps en altitude, le moins de nuits surtout ! » Que ne s'est-il écouté ? Quant à Michel Parmentier et Wanda Rutkiewitcz, ils mourront à quelques années d'intervalle, l'un sur l'Everest et l'autre sur les pentes du Kangchenjunga.

La mère des alpinistes[1]

Depuis 2008, un sommet himalayen porte le nom de la journaliste américaine Elizabeth Hawley. Miss Hawley, comme on l'appelle couramment au Népal, est une Américaine qui vit depuis plus de soixante ans dans ce pays et tient avec rigueur la chronique de toutes les ascensions himalayennes. Ce n'est pas la première fois qu'un sommet himalayen va prendre le nom d'une personnalité. Le plus célèbre d'entre eux, le Toit du Monde, dont le nom originel est Chomolungma, qui signifie la déesse la plus haute, ne porte-t-il pas le nom de George Everest ?

Everest était un géographe anglais chargé de dresser la cartographie de l'Himalaya au XIXe siècle. Il n'avait pas souhaité donner son nom à ce géant himalayen dont on venait de découvrir l'incroyable hauteur. En revanche ses collègues de travail avaient voulu lui rendre hommage à travers ce baptême… George Everest n'avait pas approuvé cette belle intention, arguant que son nom serait imprononçable par les populations locales, et surtout sans signification… L'histoire ne lui a pas donné raison et si l'Everest porte bien le nom de Chomolungma ou Sagarmatha au Népal, on le désigne plus souvent par le vocable d'Everest.

Elizabeth Hawley est arrivée au Népal à la fin des années 1950. Cette jeune Américaine effectuait un tour du monde, mais s'arrêta pour toujours au Népal, fascinée par ce petit royaume qui venait d'ouvrir ses frontières au monde. Très vite, elle démarra ce travail ingrat de chroniqueuse avec une méthode très pertinente : rencontrer

1. Depuis l'écriture de ce texte, Elizabeth Hawley est décédée, à l'âge de 94 ans.

et interroger systématiquement tous les alpinistes qui venaient en expédition au Népal et passaient forcément par Katmandou. À chaque arrivée d'avion transportant des prétendants à l'altitude, elle les convoquait pour un interrogatoire serré. Il fallait tout lui dire, à tel point qu'on l'avait surnommée gentiment la CIA ! Pendant cinquante ans, elle a ainsi collecté des données uniques sur tous les alpinistes notifiant leurs réussites et leurs échecs. Sans avoir jamais mis le pied sur une montagne, miss Hawley a acquis une connaissance pointue des itinéraires, de la configuration des sommets, impossible de la bluffer et de lui faire croire que vous aviez réussi telle cime si ce n'était pas le cas ! Ses travaux constituent une véritable mémoire de l'himalayisme et un éditeur népalais a réuni en plusieurs tomes de quelque 700 pages la plupart de ses chroniques. Bien lui en prit car le gouvernement népalais ne put, surtout pendant la guerre civile, tenir à jour les archives des expéditions… Miss Hawley, comme George Everest, a commenté cette distinction en disant simplement : « C'est dommage de donner le nom d'une personne à des montagnes si belles. »

Aujourd'hui âgée de presque 100 ans, cette miss qui a lié des amitiés fortes avec sir Edmund Hillary ou Reinhold Messner, continue sa mission aidée de quelques personnes dont un Français, Rodolphe Popier. En jupe longue, avec ses cheveux blancs permanentés, elle circule toujours dans une petite Volkswagen bleu ciel dans les rues encombrées de Katmandou, manifestant un flegme inimitable, un sérieux inaltérable et un vrai amour pour les montagnards… Quand je lui avais demandé pourquoi elle ne s'était jamais mariée avec un de ceux qu'elle avait côtoyés, elle m'avait répondu : « Parce qu'en quelque sorte, je suis un peu la mère de tous les alpinistes… »

Éternel Wilson[1]

Un matin de 1989, le 9 septembre, à 6 400 m d'altitude sous le col nord de l'Everest, en me réveillant, j'ai trouvé un cadavre au pied de ma tente. Le corps reposait sur la neige : des os blanchis, un reste de mâchoire avec deux dents en or, des lambeaux de veste en tweed mêlés à des cordelettes de la tente qui lui servait de linceul.

Depuis des années je suis un dingue d'Everest, je sais tout de son histoire, de ses conquérants. Et je comprends tout de suite, ce matin-là, que cette momie abîmée est celle de Maurice Wilson, mort en 1934. Ce n'est pas la première fois qu'il se montre. Des Anglais l'avaient déjà trouvé en 1935, couché dans sa tente. Ce sont eux qui avaient récupéré son carnet de bord, son stylo et ses deux drapeaux, ce sont eux qui l'avaient glissé dans une crevasse, enroulé dans sa propre tente. Mais les glaciers sont des fleuves lents qui transportent ceux qui leur sont confiés. Wilson a donc migré avec la glace et en est ressorti à intervalles réguliers. Des grimpeurs chinois l'ont ré-inhumé dans les années 1970. Et là, en 1989, son corps a parcouru plus de 600 m de dénivelé avant d'échouer à mes pieds. Maurice Wilson, citoyen britannique, est mort sur les pentes de cette montagne, mort de froid, mort d'épuisement, mort d'une douce folie.

Il a presque tout fait dans la vie, il a combattu à Ypres en 1914, élevé du bétail en Amérique, vendu des fringues en Nouvelle-Zélande et séduit quelques belles femmes sur tous les continents. En rentrant à Londres,

1. *Éternel Wilson* fut écrit et dit au théâtre du Rond-Point à Paris pour une émission spéciale des « Pieds sur scène » de Sonia Kronlund sur France Culture.

il est tombé malade et c'est la prière et le jeûne qui l'ont sauvé. Devenu mystique, il s'est convaincu qu'il fallait partager la bonne nouvelle avec ses compatriotes. Pour cela, il a eu cette étrange idée : gravir l'Everest, encore invaincu, la plus haute montagne du monde, pour montrer la suprématie de la foi. Wilson, qui a quelques économies, commence donc par s'acheter un petit avion d'occasion. Il le baptise *Ever Wrest* (« toujours vaillant ») et apprend à piloter. Après quelques leçons, deux ou trois atterrissages ratés, il s'envole sans aucune autorisation pour le Tibet. Son voyage est un exploit : plus de 8 000 km avec un avion en bois qui vole à 130 km/h.

Il traverse les mers, les déserts, avant de se poser en pleine mousson dans une plantation de thé, à Darjeeling, au nord de l'Inde. L'avion a souffert, et cette fois Wilson sait qu'il ne pourra pas franchir la barrière himalayenne. Il faudra rejoindre le Tibet à pied, et encore une fois au nez et à la barbe des autorités car le Tibet est toujours une terre fermée aux étrangers.

Avec deux Népalais qu'il a recrutés à Darjeeling, Wilson va marcher, la plupart du temps de nuit, plus de 500 km avant de rejoindre le monastère de Rongbuk à 5 300 m face à l'Everest. Wilson n'est pas un alpiniste ; il s'est entraîné sur des collines en Angleterre, mais il ignore la plupart des techniques nécessaires à une ascension d'une telle envergure. Devant son dénuement, le vieil abbé du monastère de Rongbuk lui confie des crampons que les alpinistes de la dernière tentative de 1933 ont laissés sur place.

Pendant quatre semaines, avec ses sherpas, Maurice s'use sur les pentes de l'Everest. Il n'a pas beaucoup de vivres et compte sur les restes des expéditions qui l'ont précédé. Parfois il trouve des bonbons à la menthe, quelques conserves, mais ce sont surtout les cigarettes qui lui manquent. Les conditions climatiques et l'altitude l'épuisent. Il a les yeux brûlés. Ses tentatives échouent les unes après les autres. Il ne réussit même pas à atteindre les 7 000 m du col Nord, là où les choses sérieuses commencent à peine.

Ses sherpas tombent malades. Ils ne lui font plus confiance. À la fin mai, ils abandonnent Wilson. Et une fois de plus le Britannique reprend le chemin du sommet… Et c'est là, sous le col Nord, qu'on le retrouvera un an plus tard dans sa tente. Ses dernières notes sur son carnet de bord sont des merveilles d'optimisme ou d'inconscience : « Je repars, journée magnifique. »

Je raconte cette histoire précisément ce 9 septembre 1989 aux quelques alpinistes qui se sont regroupés autour du cadavre. Est-ce un Italien ou un Espagnol qui a soufflé cette idée ?

— On ne peut pas laisser ce type ici, il a droit au sommet… on va l'emmener.

Alors discrètement, certains se sont saisis d'un morceau de Wilson, une relique, une esquille d'os, ou un fragment de sa veste, avec l'idée de la poser là-haut au sommet de son rêve.

Il se trouve que cette année-là personne n'a pu rejoindre le sommet de la montagne. Je peux donc juste imaginer que des bouts de Wilson ont été laissés à diverses altitudes… Quant à moi j'ai atteint péniblement l'altitude de 8 300 m… J'étais avec mon ami Bruno et nous avons eu la force de faire quelques images à l'altitude des avions de ligne, de la neige jusqu'à la taille. Ce jour-là je n'ai pensé à personne, Wilson était bien loin de mes préoccupations. J'ai pensé à survivre, à redescendre, j'ai pensé que dans quelques jours j'allais quitter ce curieux enfer de l'Everest et que j'allais retrouver une vie normale.

Trois mois plus tard, dans la vie normale, j'ai vite compris que je n'en aurais pas fini de sitôt avec cette montagne. En plein hiver j'ai gravi un petit sommet très élégant de 2 793 m, à trois pas de ma maison. À la cime je m'étais abrité derrière un rocher tant le froid pinçait. J'avais sur le dos la veste que j'avais utilisée sur le Toit du Monde et machinalement j'ai fouillé dans mes poches, avec un peu de chance, il me restait un bonbon ou une cigarette…

C'est là que j'ai senti un truc curieux dans la poche du haut, comme un petit caillou. Quand je l'ai sorti, j'ai compris que je venais de retrouver Wilson pour la seconde fois. Une petite écaille osseuse était restée dans ma poche depuis mon ascension de l'Everest. Je l'ai posée dans la neige, puis j'ai creusé un peu le sol juste à côté d'une vieille croix de bois. Je me suis dit que Wilson avait enfin atteint un sommet et que c'était bien. Il repose sur l'Obiou dans les Hautes-Alpes et je suis sûr que ça l'a bien amusé !

Depuis je suis retourné cinq fois sur l'Everest et je n'ai jamais atteint le sommet, butant par deux fois à 50 m de dénivelé de mon rêve. 50 m, c'est con ! J'ai passé, en cumulé, un an de ma vie sur cette montagne, j'ai dormi onze nuits à 8 000 m et j'ai perdu un argent fou… Mais je suis toujours vivant et je sais maintenant que je n'irai plus jamais. Jamais je n'écrirai les quatre derniers mots de Wilson : « Je repars, journée magnifique. »

CIMES DES QUATRE COINS DU MONDE

Si je considère mon parcours de montagnard, il tourne à l'évidence autour de l'obsession himalayenne. Difficile pour moi de me passer du Népal ! Ce pays et ces gens m'ont tant donné que c'est presque toujours une trahison pour moi que de me rendre sur d'autres continents, sur d'autres cimes. Il n'empêche que je me suis toujours accordé quelques gentilles trahisons et que je n'ai guère hésité à me rendre dans des endroits aussi divers que variés. De l'Iran au Monténégro, en passant par l'Argentine, l'Équateur, le Spitzberg, l'Oberland, les Dolomites ou l'Afrique, comment ne pas se laisser séduire par des paysages nouveaux, des sourires inconnus, des peuples étonnants ? Tous les hauts lieux où je me suis rendu avaient cette chose en commun : ils étaient hospitaliers. Oui, de la cité bombardée de Gaza, en passant par les pentes du Damavand, un volcan proche de Téhéran, via la nonchalance du Kilimandjaro, rien à dire, l'accueil a toujours été somptueux.

Ce que j'ai vu en revanche dans cette course, c'est la dégradation du monde. Ces montagnes que nous pensons solides, éternelles, j'ai pu constater à maintes reprises leur fragilité. Oui, nos élans vers le monde, si sincères soient-ils, ont quelque chose de contradictoire et peut-être d'insoluble. Ils ne jouent pas en faveur de la protection nécessaire à la montagne. Nous rêvons de terres vierges, de paradis et nous ne pouvons ignorer que nos pas de touristes n'ont pas toujours la légèreté que nous devons au monde. Que faire, que dire sinon tenter d'être respectueux, modeste, attentionné ? Ne pas se bercer d'illusions : voyager durable est une douce arnaque. Et pourtant nous savons tous combien un voyage ne forme pas seulement la jeunesse mais aussi la bienveillance, la compassion. À une condition : que nous soyons certains que ce que nous amenons n'est rien face à ce qui nous est donné. Vous vous appelez Marco, Passang, Anita, Sonam, Proteus, Julio, Nahuel, Danzee, Phurba, Nikola, Bernardo, Patxi, Kalden, Prabita. Sans vous, je ne suis rien.

Parmi les émotions que l'on peut éprouver face à la nature, j'entends la nature sauvage, celle où on peut encore se perdre et parfois même se trouver, il en est une que je vénère : la mélancolie… Non que je sois d'un naturel mélancolique, et que mes postures soient teintées de tristesse, non, c'est simplement que j'apprécie cette sensation de vivre dans un milieu qui me dépasse, sur lequel je n'ai aucune prise. J'aime cette sensation de se sentir tout petit face à des forces qui pourraient me mettre à terre avec une facilité déconcertante.

Je crois que tous, quand nous allons nous promener en montagne ou naviguer sur la mer, nous cherchons à percevoir ces forces incommensurables que révèlent parfois les tempêtes, les orages, le grondement des avalanches…

Toutes ces forces de la nature que nous sommes incapables de maîtriser nous remettent à notre place, elles nous renvoient à notre condition d'homme vulnérable qui doit puiser dans son imaginaire pour réussir à surmonter ses peurs primitives.

Oui, sur les montagnes, il m'arrive de sentir toute la filiation qui me lie à des ancêtres lointains, ceux qui taillaient des silex et peignaient des bisons et des tigres sur les parois des grottes. C'est probablement sur des falaises du lointain Spitzberg que j'ai éprouvé le plus cette mélancolie somptueuse.

Nous étions quelques Français avec deux chiens et nous traînions nos pulkas sur la banquise. Notre guide portait une carabine pour nous protéger des ours blancs au cas où. Il faisait jour continuellement, un jour à la lumière pâle, un jour qui dessinait à merveille la banquise et les grandes falaises des fjords que nous visitions. J'ai le souvenir précis d'un moment où nous avions gagné le haut d'une montagne aux parois sombres : des milliers et des milliers d'oiseaux nichaient dans ces abrupts. Partout, des cris, des bruissements d'ailes, le ballet aérien interminable. À la descente nous avions posé nos tentes dans la neige sur une sorte de berge qui dominait la banquise. Un silence apaisant, un silence comme je n'en avais jamais entendu. Ce jour-là je me suis dit qu'il fallait à tout prix rencontrer un ours blanc. C'est lui qui hantait ce paysage, c'est vers lui que se tournaient toutes les pensées, toutes les histoires… N'étions-nous pas entrés la veille dans un petit refuge où un ours blanc s'était attaqué à quelques touristes réfugiés entre les quatre murs, terrorisés à chaque coup de boutoir que le géant blanc donnait en grognant sur le fragile édifice ?

Dans cette solitude et ce silence, l'ours s'est mis à me manquer, j'avais besoin de lui, besoin de savoir qu'il était bien réel, qu'il n'était pas cette image d'Épinal « vue à la télé » comme on dit. Alors au moment de dormir, chose étrange quand le jour ne se couche pas, je suis remonté dans les pentes aux oiseaux avec des barres chocolatées dans les poches, j'en ai posé quelques-unes sur un rocher. On dit que l'ours peut sentir de la viande à plusieurs kilomètres de distance, pourquoi ne sentirait-il pas du chocolat ? Je me suis caché, j'ai attendu et attendu et plus j'attendais, plus montait en moi cette idée absurde et romantique que j'aurais aimé être un Eskimo, un Inuit comme on préfère dire aujourd'hui… Dans ma tête, défilaient des pages entières des aventures que Jean Malaurie raconte dans *Les Derniers Rois de Thulé*[1]. Puis quelque chose a grondé un peu plus loin… L'ours ? Enfin ?

Rien de tout cela, c'était un de nos chiens qui s'ébrouait dans son trou de neige, dégustant une boule de graisse de phoque. Alors je suis allé le caresser, sans bien savoir si ce genre de chien de traîneau aimait les caresses… Puis je suis rentré dans ma tente, l'ours n'est jamais venu. J'en ai conclu qu'il n'aimait pas le chocolat, ce qui m'a semblé une faute de goût.

1. Plon, 1955.

Un sommet heureux

Le moment du sommet lorsque l'on est alpiniste est évidemment essentiel. Il est ce vers quoi tous nos efforts ont porté, il est une récompense, un symbole, un symptôme presque. Les temps changent et depuis quelques années, la mode, dans les Alpes surtout, est finalement de s'abstraire du souci du sommet.

Moi j'aime bien les sommets, les vrais, c'est sans doute pour cela que j'en ai raté quelques-uns et des beaux ! En revanche, l'Aconcagua a su me sourire. L'Aconcagua, c'est le sommet des deux Amériques, on est à un peu moins de 7 000 m, c'est un gros tas de cailloux avec des falaises de rochers colorés par un peintre fou. La voie normale ressemble à un sentier un peu épuisant. Il faut montrer patte blanche pour y grimper. Des sortes de rangers accompagnés de médecins contrôlent votre état de santé, et également votre équipement. À la descente, ils contrôlent les déchets que vous ramenez, y compris le sac plastique noir dans lequel vous avez accompli vos fonctions naturelles ! Imaginez un instant cela sur une montagne comme le mont Blanc ! Sur l'Aconcagua, en Argentine, ça ne fait râler personne, on fait tout comme on nous dit, là où on nous dit ! Les grosses difficultés sont évidemment l'altitude et la météo. Les vents qui viennent du Pacifique peuvent transformer en enfer ce qui paraissait une balade de santé. Quand je l'ai gravi, en décembre 2009 (je ne suis plus très sûr de la date), il faisait beau et juste suffisamment froid et venteux pour redouter l'échec… Mais ce jour-là, j'étais béni des dieux, et dans la dernière partie de l'ascension qui se nomme la Canaleta, je me suis littéralement envolé vers le sommet comme si je marchais sur les pierriers de l'Obiou (un sommet de 2 793 m dans les Alpes). À quelques pas d'atteindre le plateau sommital, je me suis arrêté pour attendre mes compagnons mais quand ils sont arrivés à ma hauteur, ils m'ont dit de poursuivre mon chemin… Alors j'ai vécu ce privilège, cette magie de me retrouver un quart d'heure plus tard seul au sommet du toit des Amériques ! Nous étions à quelques jours de Noël, j'ai pris ma petite caméra et j'ai salué mon amoureuse, ma famille, mes amis, le monde entier, oui, on devient un peu mégalo sur un sommet pareil. Mégalo et heureux, sans bien savoir pourquoi !

Une nuit au fond d'une crevasse

L'histoire est ancienne, je sortais d'un accident de montagne qui m'avait coûté quelques doigts et surtout la vie d'un de mes compagnons de cordée. Quand le grand guide Patrick Gabarrou m'a proposé d'ouvrir une voie sur la face nord du Triolet dans le massif du Mont-Blanc, assez proche de l'endroit où j'avais eu mon accident, j'avoue avoir hésité… Mais pas trop longtemps, avec un guide pareil, que pouvais-je craindre ? À part renouer avec le bonheur d'être en montagne ? Je me souviens qu'il m'avait montré une photo en noir et blanc de la face nord, sur laquelle il avait tracé en pointillé, au stylo bleu, une ligne toute droite entre la base et le sommet… Nous étions en fin d'hiver, les jours étaient encore courts, les refuges déserts, et ma foi, quand nous sommes arrivés au pied de la paroi, je me suis demandé ce que je faisais là. Et puis les heures ont filé, les longueurs s'enchaînaient, et j'étais comme un gosse qui part en vacances et qui n'arrête pas de demander : « C'est encore loin, le sommet ? » En réalité, je ne disais rien, mais dans ma tête je n'avais que ce refrain : « Mais quand est-ce qu'on arrive ? »

Il était tard quand nous avons enfin atteint le haut de la voie, nous avions de la neige jusqu'à la taille mais le paysage, pendant quelques minutes, fut le plus beau que j'ai jamais entrevu, des cieux rouges, des neiges d'or, et le bleu sombre de la nuit qui gagnait la lumière… Patrick était aux anges et moi aussi, d'autant qu'il me fit ce cadeau immense : donner le nom de mon ami décédé à cette voie du Triolet. C'est comme cela que, dans les topoguides, on trouve la voie Marc Rabolt dans la face nord du Triolet… Le problème d'un sommet, c'est qu'il faut en redescendre, et pour cela nous avons emprunté l'autre versant de la montagne pour rejoindre le refuge du Couvercle. Il faisait nuit, je marchais en tête et Patrick m'assurait dans un dédale de crevasses. J'étais épuisé et lors d'une énième chute dans une crevasse, nous avons pris la décision sage de bivouaquer sur place… au fond de ladite crevasse ! Je n'avais jamais vécu un truc pareil et, les pieds dans mon sac à dos, assis sur une corde, j'ai passé une curieuse nuit à écouter les bruits du glacier. Un rayon de lumière bleutée nous a réveillés au petit matin, nous sommes sortis de notre cercueil glacé, il faisait immensément beau, il fallait juste retrouver la vallée des hommes, ce qui n'est jamais le plus facile !

Le blanc manteau

Par ces temps de réchauffement climatique, comment ne pas évoquer les fameuses neiges du Kilimandjaro ? Le Kili, que les populations massaïs et chagas nomment « l'Uruhu », est tout bonnement le toit de l'Afrique. Il culmine à près de 6 000 m, et cette pyramide qui ressemble à un gros Puy-de-Dôme – normal, c'est un volcan – domine la forêt et la savane africaine. Pour les randonneurs amateurs d'altitude c'est un objectif de choix, son ascension ne nécessite aucune compétence particulière sinon celle de réussir à vaincre les affres de l'altitude. J'ai eu l'occasion de gravir cette montagne avec des jeunes passionnés de voyages et d'aventures quelques années en arrière et j'avoue que j'étais curieux de découvrir ces fameuses neiges chantées par Pascal Danel et racontées par Hemingway, souvenez-vous : « Les neiges du Kilimandjaro, elles te feront un blanc manteau où tu pourras dormir, dormir, dormir. »

Or ces neiges, on le sait, sont en sursis, encore un des effets bien réels du redoutable réchauffement climatique. J'avais entendu dire qu'il y avait des projets étonnants pour conserver ces fameuses neiges : entre autres de les recouvrir d'une bâche géante pour ralentir leur fonte. À l'heure où j'y suis allé, rien n'avait été fait et je ne sais ce qu'il en est aujourd'hui. Ce dont je me souviens en revanche, c'est du lever de soleil à 5 685 m, un peu avant le sommet, dans un endroit nommé Gilman's Point. J'avoue qu'il y avait quelque chose de magique à contempler des falaises de glace qui se prenaient pour des icebergs démesurés, dressées face au soleil comme des proues de navire. Elles avaient pris une couleur proche de celle de l'or et, alors que tout était plongé dans l'obscurité, elles luisaient, pareilles à des sortes de phares qui nous parlaient de la force de la nature et de sa fragilité. Pour atteindre le sommet, il fallait marcher le long du cratère sur des débris de lave noire, et chaque pierre entrechoquée sonnait semblable à des clochettes. Plus haut, une pancarte indiquait : « vous êtes au sommet de l'Afrique à 5 895 m » ! Une ombre gigantesque, en forme de pyramide, d'un beau violet pâle, s'étalait sur une mer de nuage. On se serait cru au centre de la palette de Monet. Je n'ai pas pensé à la fonte des glaces, j'ai pensé à la beauté du monde, à ce privilège qui m'était donné d'assister à un spectacle sans défauts. Oui, c'est cela que permet la montagne, toutes les montagnes, se tenir debout, tout petit, face à l'immensité des paysages. Je n'ai qu'un conseil à vous donner : offrez-vous des levers de soleil sur n'importe quelle bosse près de chez vous. Ça vous réconciliera avec ce monde qui va parfois de travers !

Fumer nuit ?

Quelle course avions-nous fait ce jour-là ? Probablement une belle ouverture d'une goulotte de glace, en plein hiver, dans une face nord redoutablement froide. Une course évidemment hors de ma portée, mais, progressant en second de cordée, mon rôle se bornait à assurer mon leader et ensuite, quand il avait installé le relais, à le rejoindre. Dans les passages trop durs pour moi, je sentais la corde se tendre, et bien souvent je me demandais avec quelques inquiétudes comment mon premier de cordée avait réussi ce passage en tête. Mais bon, lui, à l'inverse de moi, était un excellent alpiniste. Nous avions attaqué cette voie au petit jour et ce n'est qu'à la nuit tombée que nous étions arrivés au point le plus haut… Je me souviens encore de la photo qui nous immortalisait tous deux assis dans la neige, souriants, bien engoncés dans nos vestes en duvet, le visage illuminé par l'éclair du flash. Depuis une douzaine d'heures nous n'avions rien mangé, rien bu, si ce n'était quelques bonbons et quelques gâteaux secs. Pour descendre, nous n'avions pas le choix, il fallait emprunter le même itinéraire qu'à la montée, mais cette fois, en rappel. Cela nous prit un temps infini, les cordes se coinçaient, et n'y voyant presque rien avec nos lampes frontales, les doigts gourds, toutes nos manœuvres étaient trop lentes. Ce n'est que vers minuit qu'enfin, nous atteignîmes le glacier. Comme c'était bon d'abord d'avoir les deux pieds posés à plat… Et puis, à deux petites heures de marche, le refuge nous attendait, on se mettrait enfin au chaud et enfin on mangerait et on boirait… Le refuge en question était le refuge de Leschaux, au pied des Grandes Jorasses. À cette saison il n'était pas gardé, et nous avions accès à la partie refuge d'hiver. La première opération consista à secouer la neige qui collait à nos vêtements puis à se ruer sur notre petit réchaud, salivant déjà devant une purée en sachet qui ne manquerait pas d'être délicieuse. Tout se passait bien jusqu'à ce que l'un de nous dise à l'autre :

— Tu peux me passer des allumettes ?

Et là, un silence de mort s'installa. Il fallut quelques secondes avant que l'on entende :

— Ben, c'est pas toi qui les as ?

On se mit à fouiller partout mais, au bout de quinze minutes, il fallut se rendre à l'évidence : ni l'un ni l'autre ne possédait d'allumette, encore moins de briquet…

Nous avons tout essayé : faire des étincelles en cognant les lames de piolet, tenter un court-circuit avec les piles de nos lampes… Rien n'y fit, il fallut se coucher dans des couvertures gelées, dures comme du carton et attendre le jour, l'estomac dans les talons. Ça tombait bien il était près de 3 h du matin. À 8 h, nous nous sommes levés, nous avons mangé quelques raisins secs dont il valait mieux ignorer la date de péremption tout en suçant de la neige, et en route pour la vallée. Comme quoi une boîte d'allumettes, un briquet et surtout un fumeur, ça peut être utile en montagne.

Les rescapés du mont Blanc

Le jour des commémorations du bicentenaire de l'ascension du mont Blanc, le 8 août 1986, Patrick et Hervé, deux amis alpinistes, m'avaient embarqué dans une aventure dont mes cuisses se souviennent encore. Nous étions partis à pied du Nid d'Aigle (2 372 m), puis étions montés au refuge du Goûter (3 835 m), ensuite au refuge Vallot (4 362 m) et de là, descendus sur le Grand Plateau pour atteindre le pied des Rochers Rouges Supérieurs où Patrick avait repéré un couloir de glace encore vierge. L'idée était sympathique : ouvrir une petite voie sur la grosse montagne pour fêter 200 ans d'ascension. Inutile de dire que nous n'étions pas les seuls à faire quelque chose ce jour-là sur le Mont-Blanc… C'était la foule des grands jours et même l'armée française s'était égrenée tout le long de la voie normale avec l'intention d'allumer à la tombée de la nuit des flambeaux qui illumineraient la voie d'origine. Quel spectacle en perspective depuis la vallée ! Le seul détail que n'avait pas prévu l'office du tourisme, c'était le mauvais temps. Or, ce jour-là, de gros nuages assombrissaient la montagne, et de fait la plus grande partie du Mont-Blanc était cachée sous une brume épaisse. De notre côté, nous étions enfin arrivés au pied de notre projet au petit matin, après une nuit quasiment blanche, et vogue la galère…

Je me souviens que je m'endormais littéralement au relais, nous étions couverts de givre, et nous avions l'impression d'évoluer dans un nuage, ce qui était le cas. Il faisait si sombre que lorsque nous avons atteint le sommet de notre voie, on ne voyait pas à trois mètres. Il ne nous restait plus qu'à franchir les grandes pentes de neige qui mènent au sommet. Un événement étonnant se produisit alors au cœur de cette brume : depuis ses profondeurs nous parvenaient des cris, des plaintes. Au début, nous avons imaginé que le vent nous amenait des voix venant de l'arête des Bosses, où les artificiers préparaient le spectacle du soir. Mais ces cris ressemblaient plus à des appels au secours qu'à des cris d'allégresse. Un peu au hasard et très prudemment, nous nous sommes dirigés dans le brouillard vers là où nous pensions situer l'origine des voix… Bientôt, à quelques mètres de l'à-pic vertigineux d'un sérac, nous avons rencontré trois ombres, assises dans la neige. Je n'oublierai jamais la tête qu'ils ont faite en nous voyant, nous aurions pu nous prendre pour le messie. Les trois ombres étaient en fait un père, son fils et un petit-neveu. Ils étaient perdus et vêtus très légèrement, ils commençaient à être dans un état, disons, un peu critique. Nous les avons encordés, nourris de quelques barres chocolatées, et littéralement tirés vers le sommet. Leur vie s'est jouée à rien. Si nous n'avions pas eu la curieuse idée d'ouvrir une voie qui débouchait dans ce coin perdu du Mont-Blanc, jamais nous ne les aurions croisés et jamais ils n'auraient pu sortir du piège dans lequel ils s'étaient jetés. Cette voie que nous venions d'ouvrir, qui n'avait pas d'intérêt majeur pour l'histoire de l'alpinisme et qui n'était qu'un clin d'œil aux pionniers, venait de sauver trois personnes. Au sommet, où un Espagnol campait dans un igloo depuis plusieurs jours, nous les avons confiés à des militaires. Ils étaient tellement sonnés que je ne me souviens pas qu'ils nous aient ne serait-ce que salués ! Pas grave, si jamais ils se reconnaissent, il n'est jamais trop tard pour offrir le champagne, un geste sympathique pour le tricentenaire de l'ascension du mont Blanc en 2086 !

La reine Meije

Si l'on devait garder une seule course en montagne, à n'en pas douter, ce serait la traversée des arêtes de la Meije dans l'Oisans. En réalité, cette traversée ne se résume pas à une simple course, c'est le condensé de tout ce que peut offrir la montagne, la chevauchée fantastique par excellence, la symphonie verticale, le graal, le gonzo de l'alpinisme. Les arêtes de la Meije sont au montagnard ce que *Le Soulier de Satin*, *La Princesse de Clèves* et *La Recherche du temps perdu* sont à la littérature. Je vous fais le pitch.

Prenez une belle journée d'été avec une inévitable dégradation orageuse en début de soirée. Suivez d'abord cette route de Saint-Christophe-en-Oisans avec l'arrêt obligatoire « panaché bien frais » chez Marie-Claude Turc au bar de la Cordée. Un bistrot magique qui vous ramène sans que vous ne vous en rendiez compte dans les temps anciens, quand le père Gaspard rentrait de la chasse avec un coq ou un chamois sur les épaules… Vous vous garez ensuite à la Bérarde. Et là, direction le refuge du Châtelleret, on marche à côté des épilobes, on s'extasie sur le pourpre des rhododendrons, on respire déjà ce fragile parfum de l'altitude, cette légèreté de l'air, on peut même s'inquiéter des quelques cumulus qui s'amoncellent sur les sommets. Au Châtelleret, à 2 221 m, sur la rive gauche du torrent des Étançons, une petite halte le temps de quelques fruits secs, puis, en route pour le morceau de bravoure : la montée au refuge du Promontoire à 3 092 m…

Vous vous êtes bien débrouillé pour arriver juste avant le petit orage du soir, cet orage qui va formidablement nettoyer le ciel et allumer les feux du soleil couchant sur tous les pics environnants. On se croirait au cœur d'un son et lumière, il ne manque que Michel Jarre… Puis vient le refuge, avec le gardien et la gardienne et leur plat du jour (en a-t-on déjà mangé de si bon ?). Dans la salle tous les convives semblent chanter le même air, la même chanson, sur la terrasse, les inquiets scrutent le ciel, lorgnent les premières étoiles : oui, demain il fera beau, grand beau… Nuit courte, en réalité on n'attend qu'une chose : le lever. On l'attend comme une récompense, il a lieu quand la nuit entend s'effacer, alors déjeuner vite fait, s'équiper, et là toucher les premiers rochers froids, trouver le bon rythme qui permet d'arriver serein aux premières difficultés. Elles sont là, dans la muraille Castelnau, puis dans la dalle du même nom, et encore plus haut avec le dos d'âne, la dalle des Autrichiens, le pas du chat. Ensuite la neige du glacier carré, on est bientôt en pleine lumière… Suffit de s'élever encore et toujours : Cheval rouge, Chapeau du Capucin et sommet du Grand Pic à 3 857 m… Maintenant on chevauche : descente et montée s'enchaînent, c'est l'heure de la dent Zsigmondy, de la Quatrième Dent et du Doigt de Dieu le bien nommé. Le paysage est époustouflant, le village de la Grave s'éveille à peine, bien loin, tout en bas dans la vallée. À ce moment-là, alors qu'aucune lassitude ne pèse, il ne faut penser qu'à une chose : quel privilégié je suis… L'alpinisme à la Meije n'est que ce scherzo grandiose et à l'heure de la descente, bien après le refuge de l'Aigle, quand vous sentirez les parfums du génépi, retournez-vous, admirez cette muraille d'où vous venez, vous êtes alors le plus léger et le plus heureux des êtres.

Les diables de l'Eiger

La montagne, ou plutôt les montagnes, avec leurs parcs nationaux et leurs parcs naturels, permettent à de très nombreux animaux de posséder un habitat splendide et protecteur… Sans même parler du loup ou de l'ours – sortes de rois déchus ou adulés –, on peut aussi assister à un incroyable défilé d'oiseaux et de mammifères auxquels on ajoutera les batraciens, les insectes et autres rampants qui prolifèrent dans ce milieu pourtant très dur pour eux… Les animaux ont choisi la haute montagne parce que c'est souvent le seul territoire que nous leur avons laissé ! En fait, les bêtes sauvages n'ont cessé au cours des siècles de s'installer toujours plus haut, dans des endroits toujours plus inaccessibles. Certes, bouquetins, mouflons et chamois ont des qualités de grimpeurs remarquables mais, croyez-moi, ils aiment aussi le couvert des mélèzes ou les prairies grasses où il fait bon s'étendre et se prélasser. Si j'apprécie le chamois si facétieux à l'entrée de l'hiver au moment du rut, le bouquetin a des qualités alpinistiques encore plus spectaculaires. Grimpeur hors pair, plus habile que le chamois, à l'allure placide, il est un véritable monument de la faune des montagnes. Avec ses cornes qui peuvent atteindre 1 m de longueur et dont le poids peut dépasser les 6 kg, le bouquetin est d'une beauté inoubliable. On doit à un roi chasseur, Victor-Emmanuel II, d'avoir su protéger cette espèce totalement décimée en créant une réserve en Italie au XIXe siècle. Aujourd'hui, ils sont près de dix mille dans les Alpes et, malheureusement, le manque de prédateurs, en favorisant la concentration de leur population dans des espaces trop modestes, nuit peut-être à leur bonne santé. Le préfet de Haute-Savoie a dû en conclure cela quand on pointa du doigt les bouquetins du Bargy comme étant des vecteurs de la brucellose ! Ne retenant comme solution qu'une exécution massive !

Mais je vais vous raconter une autre histoire : dans des temps anciens, il m'était arrivé d'aller seul au sommet de l'Eiger dans le Valais. Je vous rassure : pas du tout par la mythique face nord mais bien par la voie normale de la face ouest. Si mes souvenirs sont bons, j'étais monté sans encombre et lors de la descente, pour m'éviter un long détour par la neige, je m'étais décidé à descendre un bout de falaise en rappel. À quelques mètres du bas, là où précisément ma corde touchait le sol, deux bouquetins mâles avec leurs cornes démesurées semblaient m'attendre. Têtes dressées vers le haut, ils regardaient cette étrange araignée qui se balançait au bout de son fil au-dessus d'eux. Vu la taille des bestiaux, je me bloquais sur la corde et je frappais dans mes mains pour les inciter à débarrasser le plancher. Rien à faire. Je criais, faisais sauter la corde devant eux, ils ne bougeaient pas d'un pouce. Le petit jeu a bien pris une quinzaine de minutes et je me suis finalement décidé à atterrir entre ces « cornus » magnifiques, ruminant, selon les grands principes de la méthode Coué, que ces diables étaient parfaitement inoffensifs. C'est ainsi que je mis pied à terre à quelques centimètres des deux bouquetins, tout juste s'ils ne m'aidèrent pas à tirer mon rappel. Il ne se passa rien, je n'étais même pas l'intrus qui dérangeait leur repas, j'étais invisible.

Les oiseaux solaires

À plusieurs reprises au cours de maintes randonnées en montagne, j'ai croisé des vautours fauves. Leur introduction dans les Alpes est très récente et, quelques dizaines d'années en arrière, on ne pouvait apercevoir ces planeurs majestueux que dans le massif pyrénéen. J'avais été invité un jour par les frères Terrasse, Michel et Jean-François, deux formidables ornithologues à qui l'on doit vraiment la protection et le renouvellement des populations de vautours. Quarante ans en arrière, c'était pour moi un événement extraordinaire que d'aller observer ces grands oiseaux. J'étais fasciné par leur gaucherie au sol, leur inélégance, et puis cette métamorphose dès qu'ils ouvraient leurs ailes en plein ciel, se jouant des ascendances avec une grâce infinie. Je trouvais incroyable le fait que ces oiseaux terriblement solaires soient d'abord des recycleurs de la mort. Je ne sais si c'est réel, mais, à l'époque, on disait qu'ayant mangé le cadavre d'une bête atteinte d'une maladie comme le charbon, le vautour n'avait plus la moindre trace de cette bactérie dans ses fientes, sa digestion achevée. De vrais nettoyeurs vous dis-je, que nous allions observer dans des falaises près de la Rhune ou du pic d'Anie. J'ai souvenir d'une émotion particulière éprouvée du côté du col de Roncevaux : c'était un petit matin, j'étais près d'un abreuvoir et le brouillard avait envahi le paysage. À quelques dizaines de mètres, une falaise abritait de nombreux nids de vautour. J'étais en train de boire un café quand j'ai senti comme un souffle proche de ma tête. C'était un vautour qui planait très près du sol et qui, curieux, effectuait du rase-mottes au-dessus de la bergerie où je me trouvais. À intervalles réguliers, il surgissait du brouillard, j'entendais parfaitement le bruit de l'air dans ses rémiges en bout d'aile.

Aujourd'hui, du Verdon aux gorges de la Jonte en passant par les montagnes de la Drôme, le Dévoluy ou le Vercors, on peut facilement apercevoir des vautours. Je conseille particulièrement la petite escadre qui se chauffe tôt le matin sur les hauteurs du mont Aiguille ! Quel spectacle et quelle chance pour ceux qui pratiquent le parapente et se voient approcher par ce grand oiseau énigmatique. En vol biplace à Saint-Hilaire-du-Touvet, en Chartreuse, j'eus la chance de voler de concert avec un vautour, jusqu'à ce qu'un corbeau vienne lui chercher des noises et le fasse fuir. Car aussi incroyable que cela puisse paraître, les vautours, tout comme les aigles se font agresser par les corbeaux… Si j'étais Jean de La Fontaine, j'en aurais fait une fable…

L'inaccessible est vaincu

Je crois que les alpinistes ont le sens de l'Histoire, l'Histoire avec un grand H, aussi est-ce sans doute pour cela qu'ils ont cherché qui était l'homme qui avait effectué le premier l'acte d'alpinisme et sur quelle montagne. Depuis des générations, on soutient, en France, que le premier vrai sommet alpinistique ne fut autre que l'ascension du mont Aiguille dans le Vercors par Antoine de Ville en 1492. Cette année 1492 est décidément riche puisque Christophe Colomb découvre l'Amérique et Antoine de Ville, seigneur lorrain de Domjulien et Beaupré, capitaine du roi Charles VIII, gravit un sommet que l'on disait inaccessible. Le mont Aiguille, sorte de tour détachée de la barrière du Vercors, a plutôt fière allure. Haut de 2 087 m, il s'érige telle une cathédrale incongrue plantée dans un décor de bois et de prairie. Cette excroissance calcaire – couche de sédiment marin que les glaciers ont travaillé jusqu'à l'isoler du reste de la barrière orientale du Vercors –, est réellement spectaculaire et quand on la contemple pour la première fois on comprend que les anciens l'aient appelée *Mons Inaccesibilis*… Sans doute devait-elle effrayer plus d'un homme et je peux vous concéder que la première fois que l'on se rend à son pied, la tête constamment tournée vers le haut, que le vent souffle sur le calcaire gris, la solennité du lieu n'a rien d'un chromo champêtre. Nos ancêtres imaginaient des fées au sommet, des rumeurs prétendaient qu'un chasseur avait surpris des nymphes échappées de je ne sais quel paradis olympien en petite tenue. Chose qui avait courroucé Jupiter, lequel avait transformé le chasseur en bouquetin… Face à tout cela, on peut imaginer qu'Antoine de Ville eut un certain courage. En réalité il n'avait pas le choix, il obéissait à un ordre royal… Mais il eut l'intelligence de convoquer pour cette ascension des « échelleurs » du roi, c'est-à-dire des gens dont le métier était de bâtir des cathédrales et donc de monter des échafaudages. On ne sait toujours pas réellement par où est passé le capitaine de Ville, on sait en revanche qu'il convoqua un huissier de Grenoble pour attester la véracité de son ascension et qu'il fit donner une messe au sommet, assortie d'un banquet ! On sait aussi que le nom de la montagne changea et devint l'Aiguille-Fort avant son patronyme actuel : le mont Aiguille. Souvent, en allant gravir cette montagne, je n'ai pu m'empêcher de fantasmer sur une découverte fortuite : et si, sous ce rocher par exemple, Antoine de Ville avait caché une pièce de monnaie ou si tel échelleur avait perdu un marteau ? À part des vieilles boîtes de conserve et des morilles, je n'ai jamais rien trouvé sur le mont Aiguille, hormis le plaisir de déboucher après quelques heures dans la verticalité (toute relative, certes, de la voie normale) dans une prairie, celle-là même où Antoine de Ville avait vu une garenne de lièvres et de chamois… Et cette prairie, où il m'est arrivé de bivouaquer, est somptueuse ; elle procure l'effet de se trouver sur une île en plein ciel. On s'y sent bien et je comprends qu'en 1957 l'aviateur Henri Giraud se soit amusé à poser un avion sur ce tarmac étrange.

Aujourd'hui le mont Aiguille est une ascension presque banale, la voie normale est équipée de belles queues-de-cochon en acier pour faciliter la progression. J'espère simplement que tous ceux qui se rendent sur ce mont savent réenchanter l'Histoire et ne le prennent pas pour un tas de cailloux parmi d'autres.

Le mont Aiguille est le démiurge de l'alpinisme. Au besoin, lire le *Quart Livre* de Rabelais, où il est question de l'ascension de cette montagne en forme de potiron. Ainsi le voyait l'auteur de *Gargantua* au XVIe siècle…

L'arche perdue

Il est évidemment difficile de trouver dans les Alpes des sites qui n'ont jamais été explorés ni même aperçus. Les vrais territoires inconnus, inexplorés, il faut aller les chercher sous terre et ça, c'est la spécialité des spéléologues qui, d'années en années, cartographient les dessous de notre territoire, s'enfonçant toujours plus dans les entrailles de l'inconnu. Ils découvrent parfois au passage quelques crânes d'ours des cavernes ou des peintures pariétales dues au talent de nos lointains ancêtres qui, apparemment, aimaient le calme et le mystère des cavernes.

Pour les montagnards, la chose est plus incertaine mais, de temps à autre, on entend parler d'une arche perdue dans un coin de Chartreuse, ce qui entraîne immédiatement une noria de visiteurs ravis de découvrir ce qui hier encore était caché au monde. Il est vrai que du côté de l'Aulp du Seuil en Chartreuse, un célèbre coureur de montagne, réalisateur et éditeur de topoguides, j'ai nommé Pascal Sombardier, avait su attirer toute la curiosité des montagnards pour découvrir une arche de pierre incroyablement belle. Sans aucun doute des chasseurs ou des bergers ou de simples cueilleurs de champignons avaient-ils approché cette merveille de la nature, mais l'avaient-ils identifiée comme telle ? L'arche perdue est la plus grande arche naturelle des Alpes, en réalité une double arche de plus de 30 m de portée ! D'après le propriétaire du terrain (la famille du marquis de Quinsonas), cette arche se nommait auparavant l'arche Isabelle et, dans des temps anciens, des troupeaux de moutons paissaient à son pied. Des éboulements avaient rendu son approche problématique et ces alpages avaient été abandonnés. Avec quelques bons amis, j'ai eu cette chance de me rendre plusieurs fois dans ce lieu incroyable. La première fois, tout était noyé dans le brouillard et soudain, dans une déchirure de la brume, nous est apparue l'arche perdue, qui depuis se nomme un peu tristement la « Tour percée ». Nous n'étions pas seuls : des chamois couraient dans les prairies pentues qui tapissent le décor, on entendait le cri des buses, nous étions littéralement ébahis par la beauté du site. De l'autre côté de cette arche, une falaise était également percée de deux trous géants, comme des yeux ouverts sur la vallée du Grésivaudan, un des yeux contenait un pin à crochets, un tableau digne d'un peintre japonais, tant les traits de ce visage de pierre étaient délicats. Alors bien évidemment je ne vais pas vous donner la recette pour vous y rendre, elle existe çà et là sur Internet et dans les ouvrages spécialisés par petites touches… Il vous faudra chercher à votre tour, bien s'assurer qu'il est toujours possible de pénétrer sur ce territoire normalement dévolu aux chasseurs. Bref, il faudra faire preuve de discrétion, de sagesse et de douceur…

Dans les jardins d'Iran

Contrairement à certaines idées reçues, l'Iran est un vrai pays de montagnes. Téhéran est une ville dont l'altitude varie entre 1 100 m au sud et 1 700 m au nord. En plein Téhéran, un téléphérique aux vitres roses, téléphérique français d'ailleurs, rejoint les pentes enneigées de la station de Tochal, qui monte à plus de 3 000 m. Quant au sommet iranien emblématique, il s'agit du volcan Damavand qui culmine à 5 610 m. Je m'étais rendu en Iran avec ce grand voyageur qu'est le guide Michel Pellé en 1993. Je me souviens parfaitement de la date parce que notre guide iranien avait déchiffré dans le journal de Téhéran que Pierre Bérégovoy venait de décéder. En 1993, peu de touristes se rendaient dans ce pays qui avait fait sa révolution en 1979. En tant que Français, nous étions plutôt bienvenus et j'ai souvenir d'une rue de Téhéran qui se nommait Neauphle-le-Château, en souvenir de la ville où s'était exilé l'ayatollah Khomeini. Notre guide, Abbas Jaffari, nous avait d'abord conduits sur les hauteurs de Téhéran, c'était les premiers beaux jours du printemps et j'avais été agréablement surpris de voir combien les Iraniens fréquentaient les sentiers de montagne… Partout des colonnes joyeuses de montagnards, partout des pique-niques, partout des femmes et des hommes se goinfrant de graines de pistache et de tournesol, partout des guinguettes avec de bonnes odeurs de pain ou de vanille et, plus étonnant, des posters sur les murs d'alpinistes allemands ou français… Puis nous étions partis pour Rineh, une petite ville au pied du Damavand, à 70 km environ de Téhéran. La montagne nous est apparue comme un cône parfait, bien enneigé, qui présageait de belles descentes à skis.

En quelques heures, précédés des mules qui transportaient notre matériel, nous avions rejoint un refuge, sorte de bunker en béton tagué de sentences pieuses. Dans ce curieux refuge, nous étions restés plusieurs jours en attendant le bon créneau météo. La montée en peaux de phoques était rude et, près du sommet, des rochers étaient couverts de fleurs de soufre jaune. Des fumerolles sentaient l'œuf pourri et la terre à certains endroits était chaude. Dans les mythes zoroastriens, le Damavand abritait un dragon à trois têtes. À 5 000 m, nous avons découvert le cadavre d'un animal qui ressemblait à une chèvre, mais pas de dragon. Le Britannique Taylor Thomson a probablement gravi cette montagne pour la première fois en 1837. En 1993, nous étions absolument seuls sur cette montagne et nos tenues de skis fluo avaient quelque peu étonné les Iraniens, adeptes, bon gré mal gré, du noir en ce qui concerne leurs habits. Nous étions descendus en deux jours, achevant nos virages sur des langues de neige qui serpentaient au milieu des champs de coquelicots. Un vrai rêve…

Mais l'Iran n'avait pas fini de me séduire. Nous avions beaucoup de temps, alors nous sommes partis avec une guide, Choukout Shirazi, qui avait étudié le français à la Sorbonne. Elle nous fit découvrir Shiraz et Isfahan, et nous fit visiter les merveilles de Persépolis dans une solitude presque dérangeante. Avec elle encore, nous avons mangé du poulet épicé de grains de groseille, nous avons écouté le rythme du zarb, bu du thé à la rose et c'est elle qui me déclama ces vers du poète Hafez : « Dans le jardin des roses, hier, l'aube pointait. La nuit passée, dans mon ivresse, s'effaçait. J'étais pareil au rossignol. Des amis, un flacon de vin, du loisir, un livre, un coin parmi les fleurs… Je n'échangerai pas cette joie pour un monde, présent ou à venir. Tu prétends à la vie éternelle, cherche-la sur les lèvres roses de cette ravissante beauté. Rien n'est meilleur que le plaisir, la fête au jardin, le vin, les roses. » Terminer un séjour en montagne par un tel poème, qu'est-ce qui pouvait me rendre plus heureux ?

PETITES CONSIDÉRATIONS PHILOSOPHIQUES AU SOMMET

Il est une chose réelle en altitude : mieux vaut avoir de bons réflexes qu'un gros QI. Au pays de l'oxygène rare, on réfléchit mal. L'oxygène, ce carburant de l'intellect, faisant défaut, il ne faudra pas chercher à résoudre quelque équation savante ni à avoir des intuitions fulgurantes face au monde. Des tests sérieux ont montré que l'alpiniste en altitude régresse : mémoire, compréhension, intelligence passent à la trappe. Mais comme il est écrit dans la Bible : « Heureux les simples d'esprit ! » Oui, il est bon parfois de passer par cette case qui consiste à déposer Homo sapiens un peu sur le côté pour renouer avec l'instinct animal. Ainsi, au sommet des grandes montagnes, on pense peu… On a beau se dire que, là-haut, on aura des pensées pour ceci ou cela, il faudra souvent se contenter du vide ; de la beauté du vide. Il faudra se contenter d'être ébloui par la beauté du monde, sans bien savoir ce que l'on voit. Il faudra se contenter de pleurer à chaudes larmes ou de rire. Il ne faudra pas espérer rentrer meilleur, plus éclairé, là-haut on ne trouve que ce qu'on a bien voulu amener. Et encore !

En revanche dans la vallée des hommes, là où l'on vit, on pourra constater que le retour n'est jamais simple, comme si quelque chose s'était brisé en nous. Nous avons mis notre vie en jeu sur une montagne parce que nous voulions échapper au quotidien. Mon ami Bruno disait toujours que les alpinistes sont des gens qui ont fui le combat social, persuadés qu'ils ne pourraient rien changer dans le monde. Je ne sais s'il avait raison, mais il faut avouer que, de temps en temps, se confronter à la nature est salutaire. La montagne n'a aucune intention, aucune haine, elle n'est jamais meurtrière ou mauvaise. Elle est simplement cet élan de pierre et de glace qui participe de la beauté et de la bonté du monde. Nous allons chercher sur les cimes la force d'être faible, mortel, d'être homme.

Liberté chérie

La montagne, dit-on, est parfois cruelle… En réalité la montagne n'est ni cruelle, ni assassine, ni bonne, on lui prête juste des intentions, des émotions, des sentiments. On en fait un miroir de nos propres existences et pensées. La montagne est une masse de pierre, de glace, dont la mémoire et la conscience n'appartiennent pas aux circonvolutions de notre cortex cérébral. La montagne est d'un autre temps, d'une autre éternité, d'un autre silence et d'un autre dialogue que le nôtre. C'est juste un terrain chaotique, accidenté, parfois vertical et glacé, qui nécessite pour les bipèdes maladroits que nous sommes pas mal d'apprentissage, un peu d'astuce, de technique, d'équilibre et de matériel pour la fréquenter…

Pareil pour les animaux, il vaut mieux être un chamois qu'un chameau pour courir sur les vires d'une falaise. On le constate, les animaux qui vivent en montagne sont bien adaptés au milieu, ils ont parfois un pelage blanc pour mieux se camoufler dans la neige, ils ont des sabots souples pour bien adhérer aux rochers, une fourrure épaisse pour supporter le froid ou alors ils savent s'enterrer en dormant tout le temps de l'hiver… Nous, en comparaison, nous sommes des petits joueurs et c'est avec des cordes, des crampons, des vestes duvets, de bons gants et des piolets qu'on arrive à se trimballer sur les cimes. Vu cette inaptitude existentielle, on devrait déjà bénir le ciel de parvenir à gravir les Grandes Jorasses, l'Everest, le mont Blanc ou l'Obiou. Il y a de l'extraordinaire à réaliser de telles choses, mais je me demande bien si nous nous en rendons toujours compte. Je me demande si souvent nous ne trouvons pas cela bêtement normal. Et je me demande si en dernier ressort ce n'est pas l'accident qui agit tel un électrochoc pour nous rappeler que réussir à gravir un sommet est quelque chose de merveilleux… Oui, c'est merveilleux, et dès que nous banalisons ce merveilleux, nous perdons quelque chose qui se nomme le bonheur. Pour être heureux en montagne, il ne faut pas être blasé, il ne faut jamais croire qu'il y a de beaux et de moins beaux sommets, qu'il y a des ascensions dignes de soi et d'autres insignifiantes. Non, pour être heureux sur un sommet, il faut se regarder avec étonnement, il faut regarder le monde avec étonnement et dire merci à la vie ! Merci pour tout cela, ce sommet, cet effort, ce mal au genou, cette soif qui me taraude, ce froid qui brûle mes doigts et ce paysage où ma pensée s'envole en liberté…

Un géant

C'est un garçon presque banal qui est assis à mes côtés lors du dernier festival de cinéma de montagne d'Autrans dans le Vercors, lors d'une rencontre dont je suis l'animateur. Je remarque immédiatement ses mains, des mains de charpentier, fortes, larges. Ça tombe bien, il est justement charpentier… mais pas que ! Il est aujourd'hui alpiniste, et quel alpiniste puisque ce jeune homme suisse-allemand qui se prénomme Ueli Steck n'est rien de moins qu'un phénomène de la montagne ! Parmi ses exploits trop nombreux, il a, par exemple, gravi la face sud de l'Annapurna (8 091 m) en solitaire, reprenant la voie défrichée en partie par les Français Pierre Béghin et Jean-Christophe Lafaille, qui tous deux ont disparu en montagne. En quelque 24 heures, Ueli Steck a donc gravi et redescendu cette voie haute de plus de 3 000 m. Ce qui le place dans le domaine de l'« incroyable mais vrai » ! Ueli Steck réalise des exploits dans lesquels la vitesse est un élément de sécurité. Si on l'écoute ça tient debout : en allant très vite, il s'affranchit des aléas météo, il peut partir léger puisqu'il s'évitera des bivouacs fastidieux… Encore faut-il *pouvoir* aller vite ! et ça, c'est une autre histoire et c'est une histoire très audacieuse, à tel point qu'après sa réussite à l'Annapurna, sorte de graal absolu, Ueli s'est retrouvé dépressif, se demandant bien comment il avait pu prendre de tels risques et au nom de quoi ?

Dans son livre *8000+*[1], Ueli analyse donc, cette force étrange qui le mène à de telles aventures. Il s'en dégage une chose : le plaisir… Eh oui, Ueli se fait plaisir en

1. Guérin, 2015.

montagne. Il ne revendique rien, sinon ce sentiment qu'il est en harmonie avec lui-même et que le seul concurrent qu'il affronte, c'est lui-même… Il ajoute même sans coquetterie : « Je sais que tout ce que je fais n'a aucune utilité pour le monde sinon pour moi. » Alors, quand je lui demande pourquoi les gens s'intéressent à lui, pourquoi il est vénéré et félicité, pourquoi il est honoré par le Piolet d'Or (sorte de Palme d'Or des alpinistes), pourquoi il remplit les salles où il donne des conférences, il répond simplement, trop simplement : « Il faut le demander aux gens, moi je ne sais pas… je fais juste ce qui me plaît. » Il me vient alors l'idée de lui expliquer l'origine de l'admiration que nous avons pour ce qu'il fait. Nous sommes dans un monde où, plus que jamais, nous avons besoin de héros, des héros qui font des choses sans véritable utilité en apparence… Oui, nous avons besoin de conquérants de l'inutile, d'êtres qui s'opposent à un univers de faux-semblants où les seules valeurs sont celles qui sont cotées en Bourse, nous avons besoin de valeurs où la gratuité est seule prise en compte. Ueli Steck, jamais nous ne le suivrons, jamais nous n'irons gravir plus de quarante fois la face nord de l'Eiger pour arriver à franchir ces 1 800 m de neige, de glace et de rochers en 2 h 22, mais avec lui nos rêves prennent de l'élan. L'impossible recule… Ses pas de géant font grandir les nôtres, qu'il en soit remercié !

Un réveillon douteux

Une vingtaine d'années en arrière, alors que je ruminais quelques idées noires, je m'étais mis en tête de vivre un réveillon en solitaire, en pleine montagne. Je pensais que ce réveillon d'ascète comblerait mes attentes : vivre loin du bruit, de la fureur de la consommation. Bref, faire suffisamment silence pour m'interroger : qui suis-je, où vais-je et dans quel état j'erre ?

J'avais donc choisi une cabane de ma connaissance dans le Dévoluy, près de l'Obiou, où je savais bien que je n'aurais aucune tentation distrayante. Une simple cabane aux murs de bois disjoints avec un bat-flanc pour poser ma carcasse. Cela ressemblait à un épisode de mortification, un retour à l'humilité qui en fait cache bien souvent une monstrueusement haute estime de soi.

Je garais donc ma voiture dans un chemin creux, il neigeait pour parfaire le tout et je suis monté avec mes skis le long d'un sentier taillé dans les bois. La nuit était tombée. Dans mon sac à dos j'avais tout de même emballé une boîte de cassoulet, du pain et un quart de champagne. Se mortifier, d'accord, mais avec tout de même quelques échappatoires alimentaires… En quelques heures, j'étais arrivé sur les lieux de mon ermitage. J'étais trempé de sueur et de neige et, à la lueur de ma lampe frontale, la cabane me parut moins glorieuse que l'idée que je m'en étais faite. La neige avait envahi la pièce unique dans laquelle il régnait un froid épais et le vent secouait les tôles du toit. Autant dire un paradis pour masochiste en herbe. Je déblayais la neige, tirais un vieux banc près d'une table et là, d'un coup, j'ai pensé que j'allais sérieusement m'ennuyer, pour parler poliment.

J'ai attendu un moment, éprouvant en vrai ce que signifie faire le vide dans son esprit, chose qui m'a passablement déçu. Le vide, c'est justement vide ! Mais foin de détresse, j'ai sorti mes victuailles de mon sac à dos. Sur la table, mes trésors : mon quart de champagne, deux mandarines, une barre chocolatée et ce cassoulet en boîte fort réjouissant. Me restait à faire fonctionner mon petit réchaud à gaz. Et c'est là que tout bascula : la recharge de gaz que j'avais achetée n'était pas la bonne, elle ne s'adaptait aucunement à mon réchaud. J'ai tout essayé, rien à faire, c'était cassoulet froid, et même très froid, ou rien du tout. Trop c'est trop, mes velléités d'ascète se sont envolées, je suis sorti de la cabane, j'ai chaussé les skis et je me suis enfui… Quatre heures plus tard, trempé et gelé, je frappais à la porte d'une maison chaude, ça sentait bon l'oie farcie aux marrons, j'étais sauvé ! N'est pas ascète qui veut !

Du nom des voies

Tant en matière d'alpinisme que d'escalade, les voies portent des noms. C'est un véritable florilège d'appellations qui puise dans tous les domaines : la topographie, l'Histoire, la littérature, le jeu de mots, la BD, les souvenirs des grimpeurs… En réalité, au tout début de l'alpinisme, le problème était résolu de façon simple : le lieu et l'orientation de la voie lui conféraient son nom. Ainsi nous trouvions des piliers sud, des faces nord, des couloirs nord, des facettes sud-ouest, des directes sud, des directissimes nord. Puis quand on eut épuisé cette veine, on donna aux voies le nom des ouvreurs de la voie. Au tout début d'ailleurs, quand un guide ouvrait une voie avec un client, on retenait en priorité le nom dudit client, c'est ainsi que l'on trouve par exemple le couloir Couturier à l'aiguille Verte, une voie qui fut ouverte par le guide Armand Charlet avec son client le docteur Couturier… Plus souvent par la suite, on s'accorda à accoler le nom des personnes constituant la cordée : d'où la floraison de voies qui portent deux noms : la Boivin/Gabarrou, la Modica/Noury, la Bonatti/Vaucher, la Cambon/Francou. C'était une sorte d'hommage rendu à ceux qui avaient eu la bonne idée de se lancer dans l'inconnu d'une face… Sur les falaises d'escalade sont apparus en premier, dès les années 1960, des noms plus fantaisistes. Normal : les voies étant très proches les unes des autres, il fallait les distinguer et donc les nommer. Cette nouvelle façon de baptiser des voies donnait tout pouvoir à ceux qui les ouvraient. Et, selon leur imaginaire, leurs obsessions et leur culture, on a assisté à la naissance de ce qui ressemble à un inépuisable et insolite inventaire à la Prévert. On peut trouver des noms étranges comme Pichenibule, Surveiller et Punir, le Spectre du surmutant, Par-delà le bien et le mal, Aux amis disparus, le Vent des errances, voire Érection, le Chemin des étoiles, la Castapiagne rouge, ou encore l'Épinard hallucinogène, Caturgeas, la Mafia, Long Kesh, les Super croulants, l'Esprit meut la masse, la Griffe de Lucifer, et j'en passe et des meilleures.

Il est amusant de constater à quel point les noms de ces voies révèlent l'intimité de leurs auteurs. Les plus proches connaissances d'un alpiniste, j'en suis convaincu, peuvent presque, à la lecture du nom d'une voie, déceler s'il se cache derrière. Comment ne pas imaginer par exemple que Patrick Gabarrou, homme de foi, ne soit pas derrière Divine Providence ou Padre Pio ? Ainsi les topoguides qui recensent les voies ressemblent de plus en plus à une poésie étrange qui raconte la passion des fous de la verticale. J'en connais même qui en ont profité pour dédier une voie à leur amour !

Le meilleur moment

Quel est le plus beau moment qu'un alpiniste puisse vivre lorsqu'il pratique son activité favorite, gravir une montagne ? Eh bien impossible de fixer une règle... Il existe autant de bons moments qu'il existe d'alpinistes. Pour certains, tout se joue en amont, sur la table de la salle à manger de leur petit chez-eux, quand ils déplient les cartes, regardent les photos, tracent un itinéraire. Pour d'autres, ce sera le moment du départ du refuge, quand on n'est pas vraiment réveillé, que les vêtements sont encore froids et que seul le petit faisceau de la lampe frontale vient éclairer un cercle de neige ou de rocher. Pour d'autres encore ce sera le fameux crissement des crampons sur la neige gelée. Ce bruit bien spécifique constitue une bande-son idéale et je connais bien peu d'alpinistes qui omettraient de la placer dans le film de leur vie de montagnard. Faut que ça crisse ! Peut-être parce que dans ce bruit de pas tout est contenu : le froid, l'incertitude de la course, l'effort, la gloire du sommet... que sais-je ? Pour d'autres enfin, il y aura la délivrance du sommet avec les quelques pauvres gestes qui l'accompagnent. Vous savez, on lève son piolet en l'air, on s'agenouille, on serre dans ses bras son compagnon de cordée, on crie comme pour se libérer d'une tension trop forte. Remarquez que plus l'altitude est élevée plus l'effusion est solennelle, voire excessive... J'ai toujours adoré ce texte que Michel Parmentier, un grand journaliste et excellent alpiniste, avait rédigé lorsqu'il avait atteint le sommet du Kangchenjunga à plus de 8 500 m, le 12 octobre 1981. Voici ses mots : « Avec un large sourire, Jean-Jacques Ricouard, mon compagnon de cordée, se retourne vers moi et me dit : “Je crois que c’est bon.” Effectivement c’est le sommet et il y a des jours où la lucidité est un foutu handicap… Immédiatement, j’ai en tête l’image des huit-millistes vainqueurs des plus hauts sommets de la terre, le bras guerrier, brandissant le piolet au-dessus de la tête, je pense également au tennisman Björn Borg. C’est vraiment idiot. À genoux sur la terre battue du central de Roland Garros après sa victoire aux Internationaux. Et je ne sais plus trop quoi faire, sauter en l’air ou me mettre à genoux ? Finalement je me demande si le sommet est un aboutissement ou un cul-de-sac. Dans le premier cas, inutile d’aller plus loin, dans le second cas il faut tout recommencer… »

Enfin, il y a des alpinistes pour qui le meilleur moment est « l’après », ce moment où, ayant survécu par chance, par hasard ou par volonté à tous les pièges tendus, vient finalement le temps du récit et des souvenirs… Ce temps qui ne contient plus de souffrances, de froid, de pierres qui tombent, de séracs qui s’écroulent, ce temps du souvenir où seules surnagent de belles lumières, des amitiés solides, et des joies immaculées. Le temps du souvenir : le temps irréel.

Un chamois boussole

Se perdre en montagne n'est évidemment pas conseillé, et d'ailleurs seuls se perdent ceux qui n'ont pas pris la précaution de se munir d'une carte, d'une boussole, d'un altimètre, voire d'un GPS, ou bien ceux qui ont oublié d'apprendre à s'en servir… Se perdre, pourtant, affirment ceux qui se sont perdus et retrouvés, est paraît-il un luxe délicieux. Que de formules toutes faites jaillissent alors du chœur des vierges : se perdre pour mieux se trouver, se perdre pour se retrouver, se perdre pour trouver l'autre en soi, etc. J'en passe et des pires. Non se perdre, c'est d'abord une galère : cela peut signifier un bivouac improvisé qui deviendra évidemment un excellent souvenir, mais seulement dix ans plus tard, au chaud, dans son salon autour d'une bonne bouteille. Le jour même, je le répète et y crois, se perdre est une galère… Vous allez me dire qu'à l'heure des smartphones, de la géolocalisation, des applications en veux-tu en voilà, il devient difficile de ne pas savoir où l'on est, où l'on va et par quel chemin. C'est vrai pour celles et ceux qui maîtrisent à la perfection la jungle des applications et des technologies numériques. Quant à moi, déjà j'évite le mauvais temps, mais en plus j'ai toujours sur moi ma petite boussole, ma petite carte et ma petite montre à tout faire. Enfin, presque toujours, mais surtout, je n'ai jamais eu à m'en servir… Ce qui facilite les choses. Sauf une fois, il y a bien longtemps, où j'étais allé accompagner un grand alpiniste au pied d'une grande montagne.

Le jeune héros partait pour un voyage en solitaire et je l'avais suivi avec un autre ami jusqu'au pied de son mur de gloire. Air connu : c'était l'hiver, il faisait froid, nous étions hauts et une fois l'alpiniste envolé vers son destin, il nous fallait retrouver le plancher des vaches, et ce en empruntant un itinéraire que nous n'avions pas vraiment étudié. Nous étions tous deux à skis sur un glacier bien crevassé comme il se doit et ce que nous n'avions pas prévu arriva : il nous fallut basculer dans une mer de nuages. C'est là que l'affaire devint coton : nous n'y voyions goutte, et bientôt, à l'arrêt, tel le chien devant une bécasse, nous nous demandions bien où tout cela allait nous mener. Plus nous avancions, plus le paysage s'opacifiait : aucun repère, juste le bruit des craquements du glacier… Évidemment, nous n'avions ni carte ni boussole, juste l'altimètre au poignet ! Alors qu'auriez-vous fait, et qu'avons-nous fait ? Eh bien nous avons regardé partout autour de nous le plus loin possible, environ à 3 m, et le destin nous a fait un joli clin d'œil : des traces dans la neige… Des traces toutes petites en forme de cœur : des traces de chamois ! Si le chamois était passé, nous pouvions nous aussi le faire, l'animal se rendait forcément dans un endroit plus sympathique que ce glacier pourri. Ce fut bel et bien le cas, des arbres apparurent au loin, il suffisait de grimper sur la moraine latérale et retrouver la forêt, les chamois, la vie… Et bientôt les bagnoles, le bruit, la pollution, la vraie vie quoi ! La vie de ceux qui ne se sont pas perdus.

Au cours de ma carrière de journaliste spécialiste du monde de la montagne, j'ai été amené à rencontrer de très nombreux grands noms de l'alpinisme et chaque fois, ce fut un moment d'une extrême richesse. Je connaissais un peu René Desmaison. Il venait fréquemment dans les Hautes-Alpes, possédant une maison à proximité de Gap, pas trop loin de là où je vivais. Nous avions eu l'occasion de réaliser quelques beaux vols en parapente dans le Dévoluy. C'était l'époque héroïque des vols en montagne, avec des voiles d'une finesse minable, et cela nous avait rapprochés. Je vois encore René qui décolle après moi et qui, à peine quitté le sol, revient atterrir, il avait oublié son altimètre dans l'herbe. Bien des années plus tard, j'avais été l'interviewer dans sa maison, je savais que René était malade, il avait un cancer. Seulement voilà, pendant toute l'interview, il ne parla jamais de sa maladie ni même d'aucun des problèmes familiaux qu'il vivait… C'était comme si tout l'avenir était là devant lui, comme si tout allait bien : oui, il écrirait un livre, un grand roman, oui, il avait encore de belles idées d'expéditions et des projets d'escalades, oui, quand il n'aurait plus mal à son genou et qu'il n'aurait plus la grippe, il irait s'entraîner en courant dans les montagnes… Oui, il était plein de projets et il me les décrivait avec cette voix chantante et ce grand sourire charmeur. Je sentais qu'il me mentait, qu'il se mentait, mais je ne pouvais le trahir, je faisais semblant, moi aussi, et je surenchérissais sur ses projets, sur les lendemains qui chantent, sur la beauté de la vie, sur ce qui avait toujours fait sens chez lui : son invincibilité… Et puis, le micro coupé, nous sommes allés dans le jardin et nous avons parlé comme on dit, « en off »... Et les paroles étaient autres. Cette fois, il n'y avait plus de représentation, plus de public, il y avait un homme qui refusait de vieillir, d'être malade, mais qui n'était pas dupe. Il y avait un homme qui refusait de ne plus être celui qui avait écrit l'éblouissant récit de *342 heures dans les Grandes Jorasses*[1] et qui savait pertinemment que la sortie au sommet serait bien différente. Nous avons évoqué ce livre, pour moi son plus beau récit, et je lui ai demandé de me raconter encore une fois ce doute et la souffrance qu'il avait vécue tout là-haut, dans la face nord, à côté de son ami mourant. Cette fois, la voix n'a plus chanté, des larmes discrètes se sont formées au coin de l'œil... Il murmura : « C'était dur, tu sais c'était dur... » Puis il s'est tourné vers les falaises lointaines et m'a dit avec simplicité : « Tout a une fin, je suis sorti vivant de là-haut, mais il paraît que ça ne marche pas à tous les coups ! » Son visage s'illumina, un sourire à nouveau, et cette dernière parole : « Je manque de temps ! J'ai tellement à faire... » Il devait décéder quelques mois plus tard. Un sacré bonhomme !

1. Hoëbeke, 2003.

La colère de Rébuffat

J'eus la chance de rencontrer bien d'autres héros dans ce panthéon des alpinistes : Gaston Rébuffat fut l'un d'eux. Mon premier souvenir de Gaston Rébuffat est une émission de télévision. Je revois encore cet homme en knickers, avec ses chaussettes et son pull jacquard et puis sa voix un peu précieuse, très douce, une voix d'instituteur qui parle avec correction. Il se bagarrait dans un surplomb de granit, faisant tinter ses pitons, suspendu dans le vide sur de petits étriers de métal. Puis j'ai fini par le rencontrer bien plus tard. Gaston Rébuffat était déjà malade ; à l'inverse de René Desmaison, il ne cachait pas sa maladie, il en parlait comme s'il s'agissait d'un épisode normal, une bataille à mener, à expliquer… Je l'avais retrouvé dans sa belle propriété sur la côte d'Azur. Je me souviens qu'il y avait, dans l'entrée de la maison, un curieux tableau : un portrait de Brigitte Bardot… Puis nous avions discuté de sa vie d'alpiniste et de la vie en général. Il avait encore la dent dure à l'égard de l'expédition à l'Annapurna qui s'était certes achevée par la victoire de Maurice Herzog et Louis Lachenal, mais qui avait coûté cher aux deux hommes et à toute l'équipe.

En préambule, il m'avait averti : « L'Annapurna, une victoire ? Il y en a un qui revient avec les pieds gelés et l'autre avec les doigts en moins et ça s'appelle une victoire ? Tout aurait été différent si Maurice Herzog, au lieu de perdre ses gants, avait perdu ses drapeaux. Comme j'aurais été heureux, il aurait encore des doigts et il n'y aurait pas eu cet épisode de vanité exemplaire… Pour ma part, je n'oublie jamais qu'un homme est seulement toléré l'espace d'un instant sur un sommet, et c'est merveilleux. Ça m'irrite quand on dit que les montagnards sont des types formidables. Ce sont des bougres comme tous les autres, qui ont la chance d'aimer quelque chose de beau, tant mieux pour eux ! Je n'ai jamais pensé être mieux d'un millimètre que Dupont ou Durand parce que je faisais de la montagne. Quand j'étais à l'hôpital pour mon cancer et quand tu te vois sur ton lit, tu te dis que ce n'est pas parce que tu as fait ceci ou cela que tu vaux plus que le type de la chambre d'à côté. Avoir voulu glorifier l'alpinisme en en faisant un sport d'élite est une escroquerie. » Il ajoutait encore, en montant la voix : « Moi, je n'ai pas de considération pour les gens qui ont du mérite. J'aime que les choses se fassent facilement, que ce soit joli. Je n'ai jamais eu le goût de l'effort mais j'ai reçu gratuitement des guibolles, autant s'en servir. Marcher ce n'est pas si pénible finalement. Il n'y a que ceux qui ne marchent pas qui croient que c'est dur. De même, il n'y a que ceux qui ne grimpent pas qui croient qu'il faut être courageux pour grimper. »

Vous voyez, et cette fois c'est moi qui parle, je trouve qu'on devrait de temps en temps réécouter les paroles éminemment modernes de nos anciens. Gaston Rébuffat m'avait accordé cette interview sans précaution et je crois qu'il serait fier qu'aujourd'hui, au XXIe siècle, sa parole poursuive son chemin. Vous ne savez pas quoi lire ? Prenez un bon Gaston Rébuffat, même quand il raconte l'itinéraire d'une voie en montagne, quarante ans en arrière, c'est brillant, innovant et poétique !

La plus belle montagne du monde

Quelle est la plus belle montagne du monde ? Pour paraphraser le poète, on pourrait dire, « c'est bien sûr celle où l'on n'est pas encore allé ». Ça laisse un horizon très ouvert puisque, des montagnes inconnues, notre monde en possède encore beaucoup. De la Patagonie à l'Himalaya, quelques *terrae incognitae* recèlent encore de pics entr'aperçus, jamais gravis... Mais gageons qu'avec les progrès de l'informatique, tout ce petit monde sera bientôt disponible sur Internet. Reste les montagnes connues et là, on a le choix, sachant que bien souvent la montagne la plus citée sera celle qui ressemble le plus à un dessin d'enfant, un truc pointu comme le Cervin, véritable emblème de la montagne dans le monde entier. Le Cervin, on le voit sur des affiches, des boîtes de chocolats, de la publicité pour les montres, les voitures... Alors est-ce lui, si caricatural mais bien réel, qui peut ravir le titre ?

Je pencherais pour dire que la plus belle montagne du monde est tout simplement celle que l'on gravit, ce qui a pour effet de rendre ce titre éphémère : une ascension chasse l'autre et celle que l'on portait au pinacle se voit trahie par la suivante. Une montagne dont on atteint le sommet nous offre une aventure, or, quoi de plus beau que l'aventure ? Peu importe le flacon pourvu qu'on ait l'ivresse. C'est bien de cela dont il s'agit : l'ivresse. Il en va des montagnes comme des vins, il ne faut pas se contenter de les regarder, il faut les boire et parfois jusqu'à la lie.

Et c'est là que le débat devient intéressant : toutes sont différentes, toutes ne procurent pas le même plaisir, la même sensation, la même ivresse, mais toutes méritent qu'on s'y frotte pour qu'on les aime, qu'on les vénère et qu'on les oublie. Il reste des montagnes auxquelles on s'attache, que l'on répète… On connaît des alpinistes illustres qui ont fait cent fois l'aiguille Verte, autant de fois le mont Blanc, d'autres sont des fans de l'Eiger et je connais des amateurs qui ont gravi plus de cent fois l'Obiou ou la Dent de Crolles. Certes, dans cette catégorie d'obsédés, beaucoup sont des êtres pour qui la passion est aussi professionnelle : je pense à des guides qui accumulent les mont Blanc ou les traversées de la Meije… Mais il existe aussi de doux dingues qui n'aiment qu'une seule montagne et se contentent d'une ascension cent fois répétée, juste pour le plaisir… Cela ressemble alors à une histoire d'amour.

Mais le plus souvent, la fidélité aux montagnes n'est pas la tasse de thé des alpinistes, ils aiment le changement, ils consomment, ils picorent. Non je crois que la plus belle montagne du monde n'existe pas, elle est juste sous nos pas, toujours sous nos pas. Quand précisément, nous avons la chance de la gravir.

La reconversion des alpinistes (enfin, ceux qui restent !)

Que deviennent les alpinistes de haut niveau passé l'âge de l'exploit ? Autrement dit : comment les alpinistes se reconvertissent-ils après une vie d'aventurier de l'extrême ? Pour ces « serial alpinistes », ces experts de la performance et de l'extrême, les statistiques sont rudes et bien peu voient arriver l'âge de la retraite. Il arrive souvent qu'un grain de sable – ou plutôt qu'une grosse pierre vienne les heurter, qu'une crevasse s'ouvre sous leurs pieds ou qu'une avalanche les attende. Je ne sais si un sociologue s'est un jour lancé dans le décompte statistique de tous ceux qui ont perdu la vie en montagne dans le cadre de l'accomplissement de leur passion et de leurs exploits, mais je crains que l'alpinisme n'atteigne à ce petit jeu un ratio de dangerosité qui le situe à la première place dans le hit-parade des loisirs humains les plus risqués.

Dieu merci, tous ne meurent pas en montagne, et certains ont su parfaitement trouver des voies où exprimer avec moins de risque, mais souvent toujours autant d'engagement, ce qui les a animés au cours de leur jeunesse. Comment ne pas penser par exemple au docteur Jean-Louis Étienne, aventurier par essence, qui s'est colleté en son temps avec l'Everest ou le pôle Nord, et qui aujourd'hui, à l'âge de la retraite, se lance dans des aventures technologiques sur fond de recherche scientifique au nom de la protection de la planète ? Comment ne pas penser au docteur Christine Janin, première Française au sommet de l'Everest, entre autres montagnes, qui consacre désormais sa vie aux enfants malades et accomplit sa belle œuvre dans le cadre de son association À chacun son Everest ? Comment ne pas songer à Marc Batard, ce guide prestigieux, qui, après s'être frotté à maints records dont l'ascension la plus rapide de l'Everest, s'est évadé vers la peinture et le roman, osant au passage son coming out ? Comment ne pas songer non plus à un Christophe Profit, parmi les meilleurs alpinistes du monde, qui a repris le labeur plus intime et plus humble de guide ? Peut-on dire que l'alpinisme conduit à tout pourvu qu'on en sorte ? Combien de figures du passé ont construit des vies différentes : un Maurice Herzog qui devient ministre après le succès de l'Annapurna, un Gaston Rébuffat qui s'adonne à la réalisation de films et à l'écriture de livres aujourd'hui cultes, et tel autre qui devient éditeur (je pense évidemment à Catherine Destivelle), ou consul en Chine et celui-ci encore qui se lance dans la psychothérapie, ou le métier de tour-operator ?

Les exemples ne manquent pas et je voudrais terminer cette chronique en citant ce cas plus rare d'un grand alpiniste et guide, spécialiste des escalades en solitaire, qui, lui, est devenu philosophe… Des Grandes Jorasses à un doctorat de philosophie, le chemin était forcément un peu complexe. Il a réussi, il se nomme Alain Ghersen et je vous conseille vivement la lecture de son livre, *Risque et alpinisme. Réflexion philosophique sur l'Homo alpinus*[1] !

1. Glénat, 2016.

La peur existe en montagne, mais il existe deux sortes de peur : la vraie et la fausse. La vraie peur, elle protège, elle vous incite à passer loin des séracs qui menacent, elle vous souffle que cette pente enneigée est trompeuse. Elle vous conseille parfois de renoncer à un sommet parce qu'il est trop tard, parce que vous vous étiez dicté un timing précis et que vous savez qu'en cas de transgression, vous allez droit à la catastrophe. Ces peurs face à des situations objectives, extérieures, sont légitimes, importantes, protectrices, elles guident vos actions, vos décisions, vos attitudes. En revanche, il existe mille autres peurs que l'on pourrait appeler des peurs parasites…

Souvent ces peurs ne naissent pas par hasard. Par exemple au pied d'une voie, voire au refuge la veille d'une course, il vous vient des idées sombres, des pressentiments. Rien ne s'est passé, seul un pressentiment encombre votre esprit et vous incite à renoncer : le fameux « mal des rimayes ». Si vous analysez un peu la chose, vous allez vous apercevoir que cette peur a des origines identifiables, par exemple la course que vous avez choisie est peut-être supérieure à votre niveau, vous avez eu les yeux plus gros que le ventre, ou alors vous n'avez pas confiance en votre compagnon de cordée, pourquoi dans ce cas l'avoir choisi ? Vous pouvez éprouver ce genre de peur parce que vous ne vous sentez pas en forme, mais êtes-vous sûr d'avoir mis toutes les chances de votre côté pour l'être ? La montagne, comme le disait le plus grand alpiniste de tous les temps, Reinhold Messner, n'est ni bonne ni mauvaise, elle est juste dangereuse et comme le dit aussi un proverbe populaire, la peur n'évite pas le danger… Ce qui va éviter le danger, c'est l'intelligence qu'on en a, l'expérience que l'on possède, le savoir-faire que l'on maîtrise.

Voilà sans doute pourquoi, à l'exception de quelques chanceux surdoués, la montagne ne s'improvise pas mais s'apprend. Il faut du temps pour être un alpiniste honorable, c'est-à-dire quelqu'un qui va être capable d'autonomie face à la montagne, qui va savoir choisir ses voies, le niveau de ses performances, et qui va même savoir les dépasser quand c'est nécessaire. Ce n'est pas pour rien que l'initiateur par excellence de l'alpiniste se nomme le guide. Le mot guide n'a rien d'anodin, il a une connotation spirituelle ajoutée à la fonction très pragmatique d'emmener des gens en montagne. C'est avec un guide que l'on apprend la subtilité de cet univers, c'est avec un guide que l'on se découvre capable, c'est avec un guide que l'on négocie avec le risque. C'est avec un guide que l'on s'approche de ce que l'on va chercher là-haut et qui n'est pas le frisson malsain de la mort, mais bien la caresse chaleureuse de l'intensité de la vie. Je songe toujours à cette phrase du grand guide Patrick Gabarrou : « J'ai souvent une conscience vive que la course que je vais entreprendre demain est peut-être la dernière, mais je ne suis pas un angoissé et je pars toujours en pensant revenir. Fierté, orgueil ? L'important en montagne comme dans la vie n'est-il pas d'abord de rester un enfant aux yeux grands ouverts, tout simple et tout confondu face à la merveille immense du monde ? »

Faire ses gammes

En montagne, quand on pratique l'alpinisme, on n'a guère le choix. À moins d'être un alpiniste exceptionnel qui ouvre de nouveaux itinéraires, on est toujours dans la répétition de voies qui ont été ouvertes par d'autres et parfois bien des années plus tôt… L'alpiniste, à son corps défendant, est quasiment constamment un interprète, il n'est pas un compositeur. Du coup, si l'on file la métaphore musicale, il est essentiel d'être un bon interprète et si, pour cela, il faut posséder une excellente technique vocale ou instrumentale, il est également important de bien choisir son répertoire et de connaître les créateurs de ce répertoire… En alpinisme, c'est la même chose, une fois la technique au point, on peut choisir d'interpréter une voie et il est bon de s'intéresser à ceux qui l'ont ouverte pour comprendre l'esthétique, la logique et l'intelligence du parcours. Une manière tout simplement d'entrer à son tour dans l'Histoire et d'aborder les différents passages de la course en ayant en tête la démarche de ses découvreurs. Dans cette optique, les topoguides, ces sortes de cartographies des voies, indiquent le nom des ouvreurs et la date à laquelle ils ont réussi leur parcours.

Ainsi, si vous choisissez par exemple de réaliser la traversée de la Meije, le plaisir de grimper se doublera du plaisir de remonter le cours de l'Histoire et de s'accorder avec la mémoire de ces pionniers que furent le père Gaspard, son fils Pierre junior et leur client Emmanuel Boileau de Castelnau, alors âgé de 19 ans. Il faut les imaginer grimper les passages les plus difficiles en chaussette, ne bénéficiant pas de tous les outils techniques d'aujourd'hui : eh oui, c'était en 1877.

Il faut imaginer en 1885 ces Autrichiens aventureux : Ludwig Purtscheller, Otto et Emil Zsigmondy, des sans guides qui osèrent cette traversée des arêtes dans le sens Doigt de Dieu, Grand Pic. Il faut aussi imaginer les tentatives ratées mais ô combien audacieuses de Duhamel… Et tous ces pionniers ont laissé des traces, et chaque pas que l'on pose sur le rocher nous ramène à cet alpinisme de découverte : la pyramide Duhamel, la muraille Castelnau, le Dos d'âne, le Cheval rouge, la brèche Zsigmondy…

Grimper n'est pas simplement poser les mains sur le rocher et tenir des prises, grimper nécessite également d'honorer ceux qui ont tracé le chemin, comme si l'on vivait une sorte de pèlerinage sur les pas de ceux qui nous ont précédés et de la mémoire desquels nous sommes dépositaires. Grimper, c'est aussi lire les anciens, regarder ces visages émouvants qui ont traversé les époques. Comment être insensible à cette présence d'un Gaspard, d'un Bonatti, d'un Coolidge, d'un Whymper, d'un Cassin, quand on ouvre la partition qu'ils ont magnifiquement jouée sur des montagnes où nous jouons à notre tour ? Le passé est un excellent pont vers l'avenir, nulle nostalgie, non, juste la reconnaissance, la poursuite des rêves jamais achevés, toujours renouvelés.

La survie et l'échec

L'échec en montagne, est-ce rater un sommet, une course, ou est-ce ne pas revenir ? Lorsque l'on demanda au premier vainqueur de l'Everest, Edmund Hillary, ce qui se passerait si jamais un jour on apprenait qu'en 1924, les anglais Mallory et Irving avaient bien atteint le sommet de l'Everest quelque trente ans avant lui, Hillary avait répondu très simplement : « Réussir l'Everest, c'est avoir atteint le sommet et être redescendu vivant. » On se souvient en effet que Mallory et Irving avaient disparu proches du sommet et que le mystère demeure : ont-ils oui ou non atteint le faîte du Toit du Monde ?

En parlant de cette redescente, nécessairement vivant, Hillary resituait l'alpinisme dans ce qu'il doit être : une course vers la vie, vers le bonheur de vivre. Sans nier que tout alpiniste qui se respecte joue avec le risque, il affirmait surtout qu'une ascension réussie passe, certes par le sommet, mais sous-entend le retour… Et il est clair que l'échec est une dimension difficilement supportable, qui conduit nombre d'alpinistes au désastre. Combien ont-ils été qui, refusant de renoncer à quelques mètres du sommet, ont brûlé leurs dernières cartouches et n'ont pas su ou pas pu redescendre dans de bonnes conditions, y laissant jusqu'à leur peau ?

Paradoxalement, il est pour moi curieux que l'on salue parfois des gens qui ont renoncé à proximité d'un sommet en leur signifiant que la sagesse l'a emporté, qu'il est toujours dur de renoncer et que c'est très certainement une qualité qui leur a valu de survivre. Cette assertion me semble une erreur, au sens où il n'est pas si difficile que cela de renoncer. Renoncer, c'est ne plus croire en soi, aux éléments extérieurs, renoncer, c'est une prudence qui parle trop fort. Probablement pas une prudence due à l'intelligence ni à la vision juste, mais plutôt une prudence due à un sursaut de peur. Il est étonnant par exemple qu'un alpiniste qui a affronté tant et tant de situations à risque pour gravir l'Everest, qui a passé des semaines sur cette montagne, renonce au dernier moment à quelques mètres du sommet sous prétexte de prudence… Non, l'alpiniste qui se retourne et se dirige vers le bas, alors qu'il lui reste une heure pour atteindre le rêve de sa vie, est simplement quelqu'un que la peur vient de rattraper. En se refusant une perfection de bonheur, l'alpiniste qui échoue est en fait quelqu'un qui n'a pas su couper les ponts. C'est quelqu'un qui a encore trop à faire « en bas » pour s'adjuger le haut. C'est quelqu'un qui n'a pas totalement rompu avec le bas monde.

Les vrais alpinistes, les vrais vainqueurs ne se posent pas ce genre de questions, le regard tourné vers la cime, rien ne les détourne du droit chemin, du but suprême. Ils vont au sommet. Peu importe la suite. Les autres ne font qu'essayer d'y aller… Essayer, ça n'est pas réussir.

Le jeu du risque

Sans doute tous les alpinistes se posent-ils souvent cette question. Quel est l'intérêt de ce fameux risque ? Existe-t-il une réelle joie à le dominer, à s'en jouer ? Certains peuvent imaginer que la confrontation avec le risque forge l'âme humaine, qu'elle serait en quelque sorte ce processus qui permet de grandir, de sortir de l'enfance, d'acquérir autonomie et liberté. Le jeu avec le risque, que l'on peut appeler si l'on n'est pas politiquement correct, le goût du risque, l'affrontement avec le danger, prend ainsi une sorte de statut d'ordalie. L'ordalie, parfois utilisée pour rendre la justice au Moyen Âge, consistait à faire subir une épreuve douloureuse à l'accusé afin de démontrer, s'il y survivait, qu'il n'était pas coupable.

Sans doute, tout être en devenir, en croissance, éprouve ce besoin de se mesurer. Sortir vainqueur d'une épreuve permet de prendre conscience paradoxalement de sa faiblesse, de sa temporalité. Oui, grandir à travers l'épreuve permet simplement d'apprendre que le temps existe, que nous sommes de passage. L'enfance est immortelle, l'âge adulte accepte la vulnérabilité. Voilà sans doute ce que dans le raccourci d'une voie en montagne on peut apprendre. La voie est un chemin, elle mène à un sommet, elle impose de redescendre car on ne vit pas sur les sommets. La voie est ainsi une métaphore de la vie : un chemin d'effort, un chemin peuplé de pièges, de beauté, de chausse-trappes et de gloire et tout cela, pour revenir à son point de départ : la vallée.

Bien des alpinistes évoquent cet étrange pendule entre le haut et le bas et j'en connais de nombreux qui, sachant la difficulté du bas, préfèrent la folie des sommets. Ceux-là vivent forcément la montagne avec trop d'acuité, trop de passion et l'on sait tous les dangers de la passion. L'alpinisme qui ne devrait jamais conduire à la blessure, à la mort, est pourtant un pourvoyeur efficace de ces jeunes gens trop tôt partis… Pour s'en excuser, on évoque souvent cette phrase un peu étrange : « Mieux vaut vivre un jour comme un tigre que cent jours comme un mouton. » Comme si la qualité d'une vie se mesurait à l'aune d'une agressivité dont la sanction serait mortelle. Non, il ne faut pas prononcer de telles phrases, les moutons valent les tigres et peu importe que l'on vive cent jours ou un seul. En revanche, dans cette assertion, il peut être intéressant de croire que l'engagement est une priorité, le don de soi une nécessité, et l'appétit de la vie une obligation. Chaque jour, nous commençons le premier jour du reste de notre vie. La montagne est ainsi faite !

La montagne a-t-elle un sexe ?

La question du sexe de la montagne peut paraître incongrue, cependant elle permet de cerner un peu mieux le sens que donnent les alpinistes à leur ascension. Dans une grande enquête sociologique[1] qui avait été menée auprès des alpinistes de toutes les nationalités au camp de base de l'Everest en 2003, cette question leur avait été posée. Avec d'autres thèmes, elle permettait de classer les alpinistes dans des catégories comme : les sportifs, les aventuriers, les contemplatifs, les conquérants, etc. Finalement, la montagne était pour moitié masculine et pour l'autre moitié féminine. Si l'on se réfère à l'Everest, que les Tibétains appellent Chomolungma, et qui signifie la déesse la plus haute, on est assez juste. Everest était un monsieur (George Everest) et Chomolungma, est une dame, une divinité… De fait, le langage des alpinistes inclut cette notion fantasmatique de genre. On entend parler de montagne vierge, on entend parler de pics, il y a du phallique dans la vision des sommets pointus mais tout autant, il y a la rondeur d'un sein quand on évoque des cimes plutôt girondes. Et je me suis toujours amusé face à cette trilogie de montagnes du Valais : l'Eiger, la Jungfrau et le Mönch. En trois noms, on dispose du trio parfait : l'ogre, la vierge et le moine ! Freud en eût été ravi. La philosophe Brigitte Boudon n'a-t-elle pas écrit : « La montagne possède une double nature, masculine et féminine. Masculine par ses sommets et ses proéminences pointées vers le ciel, elle exprime le principe

1. Étude de Anne Benoit-Janin et Basile Gueorguievsky pour l'expédition Everest 50.

de l'extériorisation de la puissance masculine, l'extraversion des énergies du centre de la Terre. Féminine, cachée, elle l'est par ses grottes humides et obscures, génératrices de formes mystérieuses. Généralement, le culte des sommets était réservé à des divinités essentiellement célestes (masculines), le culte des cavernes s'adressait à des divinités chtoniennes, agissant sous terre (féminines). »

Oui, il y a bien dans la montagne une part féminine : elle engendre les fleuves et les mythes et il existe du masculin dans son élan, son jaillissement phallique à l'assaut du ciel. Il n'est pas vain d'avoir ces petites notions à l'esprit quand on a le désir du sommet. Cela permet d'éclairer ce curieux besoin d'entrer dans une action où l'effort, le danger, et la joie sont constamment connectés. L'été, quand je vais déambuler au pied des cimes, car je ne me sens plus de les escalader, je regarde toujours d'un œil attendri ces monts et merveilles, qui ont pour moi des sourires de femmes aimées… Et c'est bon !

L'amour au sommet ?

L'amour est toujours le sommet ou l'abîme. L'amour, l'Éros, est la force qui monte, qui monte comme la fameuse petite bébête de la comptine... Il n'est jamais facile, évident, de parler d'amour quand on parle de montagne. Peut-être parce que l'on n'est pas assez précis, assez pragmatique. Entend-on par amour l'amour courtois ? le Grand Amour ? Non, on entend plutôt les petits cris de l'orgasme. Plutôt que d'amour on devrait parler de sexe ou de cul. Ce qui aurait le mérite d'être clair et de s'accorder à la virilité ou à la féminité de la montagne, que les alpinistes empoignent, caressent, touchent, parcourent en tous sens. La montagne, les sommets, sont de grands moments sexuels pour celles et ceux qui les grimpent. On tait systématiquement les locutions amoureuses qui habitent la geste de l'alpinisme, préférant l'obscénité politiquement plus correcte des locutions guerrières. Et pourtant, les montagnes : on les monte. Et c'est bon, et c'est l'extase, et c'est plein de ces petites morts (parfois même de grandes) qui sont, dit-on, l'un des versants de l'orgasme.

Je crois que seuls des êtres profondément sexuels peuvent gravir de sommets et répéter tels des Don Juans qui s'ignorent ce geste à l'infini. Collectionner des êtres ou des sommets, avoir cette obsession de la conquête, de la virginité (ah les montagnes vierges ! ah les cueilleurs de premières !) : quels ingrédients parfaits pour se réaffirmer que la montagne est d'abord cette belle empoignade amoureuse.

Les Tibétains, qui ne reculent pas devant les symboles, ont eu le bon goût de nommer les montagnes, parfois, avec un vocable de Dieu ou de Déesse. Il me plaît par exemple que Chomolungma (alias l'Everest) soit la déesse la plus haute et j'ai préféré monter cette déesse que sir George Everest, ce barbu au regard douloureux. Ce qui est incroyable, c'est combien le désir peut se moquer de toutes les altitudes, de tous les froids, de tous les efforts.

Je ne veux pas me vanter car l'amour physique (qui n'est pas sans issue) se vit le plus souvent à deux et qu'il convient donc de mettre dans le coup sa (ou son) partenaire. Je ne veux pas me vanter, mais s'il me fut difficile de respirer, voire de mettre un pas devant l'autre à plus de 7 000 m, en revanche, il me fut éminemment heureux et sans problème aucun de baiser à l'altitude des avions de ligne. Nous étions deux êtres désirant, se moquant pas mal du passé et de l'avenir, et se trouvant les plus beaux du monde, malgré le corps sale, le froid destructeur et la peur de mourir. Oui, une nuit d'automne, sur l'Everest, deux êtres se sont fait l'amour pour ne pas avoir à rendre des comptes à leur angoisse. S'aimer pour affirmer que jamais rien n'est perdu, et que les pseudo-exploits de l'alpinisme ne sont rien face à ce mystère de l'amour qui fait que l'on atteint des altitudes impossibles. Aurions-nous été dans une chambre royale, bercés par des parfums de fleurs, que cette nuit n'aurait jamais été meilleure. Nous étions couchés sur une toile nylon couverte de plaques de glace sale, nous étions serrés dans nos combinaisons en duvet, mais nos mains, nos bouches, nos sexes étaient doués. Alors oui, pour cette nuit désormais si lointaine, cette nuit inaccessible à tout jamais, cette nuit que ma mémoire réveille parfois en souriant, oui, pour cette nuit sur la déesse la plus haute, sur la montagne de mes rêves jamais gravie, je te remercie.

Ta jeunesse, ma jeunesse, ta beauté et la mienne mêlées furent mon plus beau sommet. Et je l'ignorais.

Un mot épinglé sur la porte d'un refuge : l'imprévu

Trente-cinq ans en arrière, deux événements majeurs sont survenus dans ma vie d'homme. La naissance de ma fille, le 2 février 1980, et l'ascension hivernale de la voie des Suisses en face nord des Courtes sur le bassin d'Argentière, quelques jours plus tard. Malgré le temps écoulé, j'ai essayé de ranimer les souvenirs liés à cette ascension. Elle fut éprouvante et s'est soldée par la mort d'un de mes deux compagnons de cordée, et le gel de mes deux mains. Si je regarde aujourd'hui ces deux mains qui ont vieilli, je vois combien elles portent les étranges stigmates de cette aventure triste, cette aventure qui a cependant forgé mon désir d'être alpiniste.

Les doigts de la main droite sont tordus comme des ceps, comme des mains de paysans que l'arthrose et les travaux des champs auraient sculptées. À la main gauche, d'autres doigts tordus et il manque même un petit morceau d'auriculaire. Quand je frappe un verre du bout des doigts, il se produit un son presque métallique, je me suis habitué à cette étrangeté qui fait de mes doigts comme des marteaux de piano. Mais cela n'est rien. L'absence de Marc, mort dans cette ascension hivernale, me poursuit encore et encore. Qu'ai-je fait, que n'ai-je pas fait ?

Il fait nuit, ce 19 février 1980, nous sommes trois à avoir quitté le refuge d'Argentière. Nos sacs sont lourds. Nous marchons en direction de cette face.

La veille au soir nous l'avons contemplée. Elle est immense, elle m'apparaît immense. Elle est comme une stèle de glace noire et bleue, avec ses îlots de rochers sombres. Peu de mots entre nous, je ne cesse de m'interroger. Comme si je passais du rêve à la réalité. Comme si ce fameux récit des *342 heures dans les Grandes Jorasses*, j'en étais désormais une sorte d'acteur, un acteur qui jouerait un grand rôle sans l'avoir choisi. Nous avons pris des affaires pour bivouaquer, un sac de couchage, un réchaud, quelques vivres. En dehors de cela, nous possédons un matériel hétéroclite. De mon côté, je suis vêtu d'une veste dotée d'une doublure en aluminium. Elle est bleu ciel et je l'ai achetée dans un petit magasin de sport à Thiers en Auvergne. C'est une veste, mentionne l'étiquette, que deux héros de l'alpinisme d'alors (Yannick Seigneur et Georges Bettembourg) ont portée sur les pentes du Broad Peak, un sommet de plus de 8 000 m au Pakistan. Autant dire que je n'aurai pas froid. J'ai une paire de gants de soie, et une paire de gants en cuir et nylon (un peu trop grands), je porte des chaussures en cuir Makalu très lourdes.

Avant-hier, chez Lachenal Sport à Chamonix, j'ai fait l'acquisition d'un piolet Chacal, un engin tout nouveau. Pour ma main gauche, je conserve mon piolet en aluminium Alpelit, signé René Desmaison. J'ai pris également un baudrier Don Whillans (que je ne sais même pas enfiler). Nous avons quelques clous et quelques broches à glace à épines et à vis (on dirait des tire-bouchons).

Je ne crois pas qu'il fasse jour quand nous franchissons la rimaye. La pente est raide, en neige dure, c'est à mon tour de progresser. Je tire des longueurs, cela semble facile, mais je ne suis pas à l'aise… Tout est si haut, si vaste. Bientôt vient la glace, dure, très dure, je me fraye un passage vers la gauche. Il y a des rochers brisés et je peux planter un piton. Sous mes pieds, un vide déplaisant, un long toboggan de glace.

Comment sommes-nous arrivés là ? Par un étrange concours de circonstances pour lequel je n'ai toujours pas d'explication rationnelle. Nous étions au départ deux groupes de trois, et nous devions nous retrouver à Chamonix pour gravir ensemble une voie facile. Une voie à notre niveau, notre petit niveau. Mais voilà, le premier trio, arrivé quelques jours avant nous, s'est engagé dans une course qui a malmené les pieds d'un des membres du groupe. Ils sont donc redescendus dans la vallée après un bivouac impromptu. Ce retard a fait que nous les avons ratés. La seule trace de leur présence, c'est un petit mot épinglé sur la porte du refuge qui indique : « Nous sommes allés dans la face nord des Courtes, voie des Suisses. » Alors pourquoi pas nous ? Pourquoi ne pas suivre leurs traces ?

Je sais que nous avons pris ce mot comme s'il était un défi. Comme s'il nous commandait, à notre tour, d'aller dans cette face, bien trop dure pour nous, bien trop ambitieuse… Mais, bon, si les autres l'avaient gravie, conquise, pourquoi n'aurions-nous pas été à la hauteur ?

Un mot. Un simple mot épinglé.

Il est maintenant trop tard pour disserter, pour regretter. Nous sommes dans la face, le jour se lève, le froid est très intense. Nous avançons à une allure d'escargot. Je perds du temps à mettre des protections qui me rassurent…

Le temps passe tellement vite, à une vitesse inversement proportionnelle à celle à laquelle nous avançons. Des cirrus balayent le ciel, un avion passe à proximité. Je ne veux plus être là. Plus du tout, j'envie les passagers de l'avion, assis, tranquilles, innocents, à l'abri du monde. Encore un passage raide, et je passe la main à Marc. C'est lui maintenant qui mène la danse alors que le jour décline.

L'isolement est impressionnant, je me sens minuscule dans ce fleuve de glace, minuscule, fragile et incompétent. Michel, le troisième homme, le plus expérimenté, semble plus rassurant. Mais une pensée m'obsède : vais-je revoir les miens ? ma fille qui n'a qu'une quinzaine de jours ? Comment fait-on pour dire « Pouce, j'arrête » ?

Le jour s'éteint, nous sommes à la moitié de la voie. Je suis épuisé, peut-être devrions-nous rejoindre, loin à droite, l'illusion d'un couloir plus facile ? Il faut bivouaquer. Dans mon souvenir, il y a un rocher et un vague relief sous le rocher, la pente est noire, inclinée à 50°. Nous dégageons une petite plate-forme dans la glace, juste de quoi nous asseoir, et moi je fixe un piton et une broche pour me tenir au mieux, pendu tel un sac sur la glace.

Il fait déjà nuit quand nous entrons dans nos sacs de couchage. Le vent est fort. Je ne sais pas si nous allons survivre à cette nuit. J'ai glissé un étrier dans mon sac qui me permet de caler mes pieds. Je suis très mal installé, mes compagnons ne sont guère mieux lotis, j'ai peur de chuter dans le vide. Je n'ai plus souvenir des conversations. Nous essayons de faire de l'eau. Je renverse une gamelle dans mon sac, je bois quelques centilitres, mange quelques raisins secs. Le froid me fait trembler. Puis il y a ces coulées de neige qui viennent nous fouetter. La poudreuse s'insinue dans le duvet. Je panique, je me débats. Vivement le matin…

Le jour se lève, je n'ai pas dormi, mes gants de cuir sont durs comme du bois, ils ont gelé. Je glisse mes mains nues sur mon corps pour les réchauffer. Le jour s'est levé et nous n'avons toujours pas bougé !

En réalité, nous ne savons pas quoi faire. Monter ? Continuer vers le haut, vers le soleil ? Descendre ?… Je m'extirpe de mon sac, c'est un exploit. Puis, une fausse manœuvre, une brusquerie et je vois mon sac de couchage glisser dans la pente, lamentablement. Michel me propose un sursac, mais quand j'arrive à rentrer dedans, je me rends compte qu'un de mes doigts est tout blanc, dur comme du bois, je ne le sens plus. Je vais geler, c'est sûr…

Il est peut-être 14 h quand nous prenons la décision de descendre… Le froid et le vent sont de plus en plus violents, mais curieusement maintenant que nous avons pris cette décision d'agir, je me sens mieux… Michel place la première broche pour le rappel. Le temps défile follement, nous sommes au ralenti, je descends d'abord, derrière Michel, puis Marc nous rejoint. À chaque relais, c'est l'incertitude… Marc a froid, il grelotte, je me rends compte qu'il a perdu un gant. J'ai le sentiment de ne plus avoir froid, je peux lui donner un de mes pauvres gants qui dégèlent si peu. Moi je conserve un gant de soie à la main droite, c'est plus simple pour manœuvrer les cordes, le descendeur, je me moque bien du froid.

La nuit nous surprend trop vite, Marc tient à se dévêtir pour faire ses besoins, une folie ! Il me paraît lointain ; aimable, serviable, mais en même temps comme ailleurs. À quoi pense-t-il ?

Comme je voudrais que nous allions plus vite… Comme je voudrais que les coulées de neige cessent de nous bousculer, de nous glacer jusqu'au sang en traversant nos vestes, nos pantalons. J'ai froid au ventre. Je pense à des corps de femmes aimées, et cela me gêne. Nous avons allumé les frontales, et maintenant je dois aider Marc à s'installer sur le rappel, il ne sent plus ses doigts… Devant, plus bas, Michel s'évertue avec le peu de broches dont nous disposons, il utilise des rochers qui pointent de la glace comme autant de petits récifs sur lesquels se tenir. Je ne pense plus, j'oublie tout ce qui me rattache à la terre, juste vivre, juste être là, à même mon corps, ne pas laisser un pouce d'énergie et de chaleur fuir vers des horizons plus doux. Non, me concentrer sur chaque geste, oser penser que chaque mètre gagné vers le bas, c'est la vie, c'est le bonheur de la vie. On va s'en tirer. Je secoue Marc :

— C'est bientôt fini !

L'impression terrible d'échapper à un piège. Je ne sens plus mes doigts mais qu'importe, ce que je sens, en revanche, c'est la force de l'élan vital. Oui, je vais survivre.

Nous sommes à deux longueurs de la fin. La pente est moins raide. Au relais où j'installe Marc, je ne vois plus grand-chose, ma frontale est si faible, éclaire-t-elle encore ? Je pose le « huit » de Marc sur la corde, il me répète de façon obsessionnelle qu'il est fatigué, qu'il a froid. Je n'arrive qu'à lui répondre encore et encore :

— C'est bientôt fini.

Parfois je vois cette image dans le livre de Gaston Rébuffat : la voie des Suisses, 94e des 100 plus belles courses du massif du Mont-Blanc. Rébuffat précisait : « Ouverte en 1938 par Cornaz et Mathey, c'est une des plus grandes courses de glace du massif, et cela est dû à deux facteurs : passages extrêmement raides à la fin du premier tiers et continuité dans la raideur de la pente qui ne faiblit jamais. »

Marc est à quelques mètres sous moi. Soudain il bascule dans le vide, il chute, à la renverse, sans un cri. Je ne réalise même pas l'horreur. Enfin je hurle, le bruit de la chute est incroyablement présent. Puis le silence. Michel hurle à son tour. On crie :

— Marc, Marc !

Et cette voix qui semble venir de loin :

— Ça va, j'ai cassé mon appareil photo, ça va, je vous attends…

Je ne sais si cette phrase est réelle, j'ai la sensation de l'entendre, comme si elle venait des profondeurs du froid et de la nuit.

Avec Michel, nous avons poursuivi la descente, je pensais que Marc en avait terminé, je crois que je l'enviais un peu. J'ai franchi la rimaye à moitié couché dans la neige. Nous étions en bas, pouvant se tenir debout dans la neige, sans plus de crainte de tomber. Nous étions vivants et je remerciais Dieu, j'étais saoulé de remercier.

Que s'est-il passé ? Marc n'était pas au pied de la voie… Nous avons cherché comme ça, sans vraiment nous rendre compte… Oui, il avait dû fuir vers le refuge, ne pas nous attendre, il avait si froid. Je ne pouvais identifier s'il existait des traces dans la neige. J'avais l'impression d'un fouillis de neige autour de moi dans lequel je me débattais. Nous avons quitté le lieu pour rejoindre le refuge d'Argentière, il me semblait voir de la lumière. Marc devait nous attendre, c'était cela la vérité, il devait nous attendre, bien au chaud. Le jour s'est levé. Nous sommes arrivés au refuge, je voyais que mes mains étaient gelées, j'allais peut-être les perdre mais je m'en moquais, j'étais vivant, j'étais sorti de la mort. Au refuge, il n'y avait personne. Puis par la fenêtre, il y eut ce point noir qui semblait tituber bien loin sur le glacier… C'était Marc. Nous étions soulagés, ça ne pouvait être que lui… Nous avons fait fondre de la neige, rempli une gourde. Michel a pris ses skis, et il a filé vers ce point qui ne bougeait plus. J'ai assisté depuis la fenêtre à leur rencontre, et j'ai vu Michel s'élancer à skis vers le bas, vers les secours… Derrière la fenêtre, le soleil était presque chaud, j'exposais mes doigts, ils étaient si étranges, plus aucune sensation, plus aucune douleur. J'aurais voulu parler à Marc, lui dire qu'il aurait pu venir jusqu'ici, qu'à deux nous aurions trouver l'attente moins longue.

Puis il y eut le bruit de l'hélicoptère. Michel a réussi ! L'engin se pose près de Marc. Il décolle à nouveau, vient me chercher, je suis sur la terrasse du refuge, j'ai rangé quelques affaires dans mon sac. Un homme me prend dans les bras, m'entraîne dans la carlingue.

— Marc, où est-il ?

— Il est mort, me dit le jeune garçon, nous viendrons le chercher plus tard.

À cet endroit du récit, je n'ai plus de souvenirs. La réalité et la mémoire me rattrapent à l'hôpital dans une salle où il semble que j'intéresse beaucoup de monde. S'ensuivirent la longue reconquête de la santé, du désir, à coups de perfusions. Quel prix, la vie ! Mes doigts ont noirci tel des griffes…

Et puis il y eut cette révélation : les autres n'étaient jamais allés dans cette face, le petit mot épinglé, c'était une blague, une simple petite blague.

Trente-cinq ans ont passé. Bien des montagnes… Bien des amis perdus. Trente-cinq ans ont passé et quand je regarde les sommets j'éprouve de la reconnaissance. Comment est-ce possible ? La montagne m'a tant pris. Sans doute m'a-t-elle plus donné encore ?

Cette hivernale meurtrière aurait pu me faire détester la montagne. J'ai toujours en tête les paroles de ce jeune médecin à qui je demandais s'il connaissait des gens qui pourraient acheter mon matériel de montagne.

Ça se passait deux jours après le drame, il m'avait justement dit :

— Attends un peu avant de tout revendre… Attends un peu.

De la fenêtre de l'hôpital je voyais les pentes de neige, les skieurs, les couchers de soleil sur les cimes. C'était beau. J'avais averti les miens au téléphone par ces mots :

— Nous avons eu un accident mais je vais bien, j'ai quelques petites engelures, ne vous inquiétez pas.

Que serait devenu Marc aujourd'hui ?

Sache que je ne t'ai pas oublié, sache que tu es toujours là, dans la mémoire d'un homme de 63 ans qui ne peut regarder une montagne sans se souvenir de la beauté du monde. Sache qu'un an plus tard, Patrick Gabarrou, un très grand de l'alpinisme, me conduisit dans une face proche et qu'il me proposa de donner ton nom à la voie que nous venions d'ouvrir[1]. C'est pour toi, pour ces quelques heures partagées dans la face nord des Courtes que j'ose réveiller les douleurs et le doute.

La face nord des Courtes est aujourd'hui une course de rien, de presque rien.

Et le garçon qui avait laissé le petit mot : « Nous sommes allés dans la face nord des Courtes, voie des Suisses » m'a contacté trente-cinq ans plus tard pour me dire qu'il y avait eu un malentendu. Il avait sans doute raison, un malentendu : un petit mot épinglé, la clé de notre destin.

Ce fut une rencontre étrange, je ne l'avais jamais revu. Le surlendemain de l'accident il avait dû prendre un avion pour l'Afghanistan ou l'Iran où il devait

1. Face nord du Triolet, voie Marc Rabolt.

travailler. Il m'avait alors écrit une lettre pour m'expliquer la méprise, mais la lettre ne m'était jamais parvenue. Je crois qu'il lui a fallu du courage pour sortir du passé et venir partager un café sur ma terrasse, au soleil. Mais finalement, c'est peut-être moi qui avais besoin de lui faire des excuses pour l'avoir hanté pendant si longtemps. Je ne lui en ai pas voulu, j'espère qu'il en a été de même pour lui.

Quand il est parti, j'ai ouvert le livre *Les 100 plus belles courses* pour la première fois depuis ces années, la page des Courtes est presque illisible, usée par mon regard.

Sauf grosse erreur, je ne mourrai pas en montagne. L'âge avance, une hivernale sans retour cette fois, mais le sommet, je vais l'atteindre, le plus tard possible (à mon âge on n'est plus pressé), oui, je vais l'atteindre en souriant, à toi, cher Marc, et tous ceux qui m'ont précédé. C'est beau la vie !

PAYSAGES LIBRES DE PALESTINE

Un jour, j'ai posé le pied sur le sentier d'Abraham. Ce jour, j'ai cru embrasser la Palestine, son histoire, ses habitants, ses mythes, ses passés, ses espoirs. Je ne suis en aucun cas un expert, ni de la religion, ni de la politique, ni de l'économie. Mais parce que je parcours des montagnes dans tous les pays du monde depuis quatre décennies, j'ai appris à reconnaître les paysages et les êtres qui les peuplent, qui les bouleversent parfois et qui les aiment.

Ce sentier d'Abraham ne peut être simplement un sentier de trekking, de randonnée. Il l'est en partie, mais il est aussi cette injonction face à l'Histoire dont nous sommes issus : « Marche, marche à pied pour entrevoir dans la sérénité et la lenteur, les innocences des mondes. » Pas après pas, à la remorque des enjambées d'un guide, attablé devant le houmous et la salade où s'épanouissent des menthes et des coriandres, comment ne pas croire à la paix ? Je suis souvent patient et les Palestiniens le sont encore plus.

Al Khalil, « l'accueillant »

Tel Aviv, aéroport Ben-Gourion, la jeune femme qui contrôle mon passeport peut-elle voir qu'en 2009 j'ai franchi ces mêmes portiques pour me rendre à Gaza ? J'étais allé avec l'ONG Help Doctors dans cette pétoire, à quelques semaines de la guerre, pour rassembler les témoignages de ces damnés de la terre. Cette fois, je mets mes pas dans ceux de l'association Tétraktys. Que fait-elle en Palestine ?

Marcher sur cette terre, cette *holyland*, marcher sur un territoire dont on ne sait ni le statut ni les frontières, mais dont on sait le mur, les colonies, les pierres qui volent près des soldats. Marcher dans ce pays, en vulgaire touriste, pourquoi pas ? Dans les bureaux de Grenoble où siège l'association, je les ai tous vus ces passionnés d'humanité, je les ai entendus me raconter les paysages somptueux, déserts, canyons, horizons ocre et bleus, me dépeindre les sites archéologiques, les monastères orthodoxes qui poussent à flan de falaises. J'ai dégusté leur enthousiasme quand ils me racontaient les femmes du camp de réfugiés d'Aqabat Jabr.

— Te rends-tu compte, avec ce sentier, elles peuvent accueillir des gens de toute la planète, elles peuvent les nourrir, les héberger, elles peuvent dialoguer, échanger ?

Je suis séduit, le tourisme, c'est exactement cette faculté de se frotter aux autres, de confier, grâce à nos devises, les belles idées : que notre monde est petit et que nous avons tous à apprendre les uns des autres. Oui, c'est angélique, mais le tourisme, avec tous les défauts que le concept implique, est pourtant une vraie source d'ouverture à autrui.

J'ai entendu leur bataille à ceux de Tétraktys, ils répétaient ce désir fort de tout un peuple à dire une Palestine heureuse. Pas question d'oublier, le conflit, l'épaisseur des haines, le béton des murs, la ferraille des barbelés. Non, juste question de dire : « Ouvrez des yeux neufs… » Oui, ce pays que d'aucuns renient, existe avec toute la beauté des pays du monde.

Ouvrez des yeux neufs sur une Palestine qui accueille, qui ouvre ses bras, qui déploie ses sourires, une Palestine qui rime avec douceur de vivre, ouvrez des yeux sur un pays de paysages libres et de gens qui appellent le bonheur.

Une navette, quelques longues minutes d'autoroute, de grands immeubles, du béton et des coulées d'oliviers. Bientôt Jérusalem, bientôt l'hôtel Jérusalem. Nous sommes face à la porte de Damas, à quelques pas des remparts, on aperçoit la mosquée, et dans une carafe, des citrons frais et de la menthe. Des chats s'ébrouent entre les tables, une jeune fille fume sa chisha au parfum de miel. Dans le hall de l'hôtel de grandes photos : chromos anciens où des femmes posent dans des robes brodées, on se croirait dans un palais un peu secret. Le patron Raeed Saadeh, n'est autre que le président de Masar Ibrahim al Khalil. Ce sentier de Palestine est en réalité une étape d'un sentier beaucoup plus ambitieux qui traverserait l'Irak, la Syrie, le Liban et l'Égypte (l'Abraham Path Initiative) sur des milliers de kilomètres.

Notre portion de sentier traverse le pays du nord au sud, en privilégiant des étapes au cœur des villes ou dans des lieux plus insolites : tentes de Bédouins, abris-sous-roche, villages palestiniens, etc. Long de 125 km, le sentier comporte neuf étapes et traverse neuf communautés locales. Structuré par l'association

Masar Ibrahim al Khalil, il espère capter ces nouveaux touristes qui auraient de belles envies de connaître une Palestine différente de celle des sites religieux de Bethléem et Jérusalem. Il a aussi cette belle ambition de permettre à des communautés de village de bénéficier des retombées de cette manne touristique qui draine des millions de touristes. La chapelle de la nativité à Bethléem aimante des citoyens du monde entier, pourquoi ne pas imaginer d'offrir à certains d'entre eux une autre vision ?

Abraham n'est pas un nom donné au hasard. Abraham est une sorte de héros que les membres des trois religions monothéistes, musulmans, chrétiens et juifs, se partagent et se déchirent. Abraham est visible de tous les bords, il n'est guère que les archéologues pour qui le tableau est plus flou. A-t-il réellement existé et quand ? A-t-il vécu jusqu'à 175 ans, a-t-il enterré sa femme Sarah dans une grotte de la future Hébron ? Repose-t-il lui-même dans le Tombeau des Patriarches à Hébron qui trône entre une mosquée et une synagogue, protégé par l'écran de vitres pare-balles ?

Est-ce important ? Abraham, c'est une jolie « marque » et pour moi c'est un geste de magie sublime qui le voit sacrifier son fils Isaac (Ismael pour les musulmans) et trancher de son couteau, au dernier moment, le cou d'un agneau.

J'ai porté mon regard vers le nord à Jérusalem pour embrasser le fameux dôme du Rocher où se serait produite la sainte substitution. Et puis comment ne pas fredonner ce blues prodigieux de Bob Dylan, *Highway 61 Revisited*, dont les premiers vers sont éloquents : « *Oh, God said to Abraham, "Kill me a son" Abe said, "Man, you must be puttin' me on."* »

Ce soir nous dormirons à Beit Sahour. Beit Sahour est connu sous l'appellation du « champ des bergers »… C'est sur ce territoire, que les bergers du Nouveau Testament ont aperçu l'étoile qui les conduira à l'étable de la nativité. Nous sommes à 732 m d'altitude, la chaleur est douce, et c'est dans une maison d'hôtes, tenue par un groupement de femmes, que nous allons passer notre première nuit. Aïda nous accueille, elle est venue de Gaza il y a quelques mois et n'a aucune intention de repartir dans la célèbre prison à ciel ouvert. Nuit étoilée, chant du muezzin, aboiement de quelques chiens errants, j'oublie même d'allumer la clim.

Je reprends les notes prises pendant le repas de l'hôtel Jerusalem. Quelques mots de Raeed ou de Georges Rishmawi (le directeur de Masar) : « Le sentier d'Abraham est encore en construction, nous espérons qu'il permettra de développer des coopératives, des restaurants et même des boutiques de souvenirs. C'est un sentier qui doit permettre de convertir des lieux antiques délaissés en site réellement publics, cela nous donnera l'occasion de protéger et de réhabiliter des sites archéologiques à l'abandon. Le sentier fonctionne d'une manière originale : ce sont les communautés des villages qui l'établissent. Il est important qu'elles se l'approprient. C'est pourquoi tant dans la formation des guides que dans le domaine du balisage nous travaillons avec les précieuses informations de l'Afrat d'Autrans dans le Vercors (Association pour la Formation des Ruraux aux Activités du Tourisme). Il nous faut par exemple résoudre des problèmes de propriété très complexes puisqu'en Palestine, quatre juridictions différentes gèrent les questions foncières. Autre casse-tête, nous devons éviter les colonies, les check point et les zones militaires. L'idée du sentier est née dans la tête d'un anthropologue, William Ury, qui a écrit *Getting to yes*. C'est une sorte de médiateur international qui travaille sur la résolution des conflits dans le monde. Une chose est importante, pour nombre de touristes, chaque pas sur le sentier les propulse dans les histoires de leur enfance. Combien de noms leur sont familiers sans qu'ils n'aient l'idée que derrière se cachent des sites, des ruines, des paysages : Hérode, l'arbre de Zachée, Moïse, Salomon, le *Cantique des Cantiques* ? Nous ne pouvons nous cacher que l'image de la Palestine est négative mais, tous ceux qui viennent repartent enchantés, nos visiteurs sont d'abord des invités… »

Du champ des bergers
au palais d'Hérode

Quelques pages de Barico et je m'endors. Réveil à 4 h 30, café à la cardamome, houmous avec un filet d'huile d'olive, confitures maison d'abricots (*mich-mich*) et de fraises, cuites par une coopérative de femmes.

Arrive Nidal Rishmawi, notre guide… Grand bonhomme, visage taillé à la serpe, croix en or sur le torse (il est chrétien). Nidal est guide du sentier d'Abraham et le voici doté de trois drôles de clients, surnommés avec humour et ironie : les artistes. À ma gauche, Maja, une photographe suédoise qui vit à Londres et parle français, à ma droite, Patrice, photographe et humanitaire (les Palestiniens transformeront son prénom en « Patriot ») et au centre votre serviteur (scribe de service).

Ici, c'est une marque de respect, on appelle souvent les hommes en déclinant leur paternité. Ma fille se nommant Julie, je vais très vite devenir Abu Juju (le père de Julie), et souvent, j'entendrai les interlocuteurs de Nidal l'appeler Abu Simond. Nidal possède trois métiers : il est guide, il est aussi électricien et l'hiver il s'exile au Texas pour vendre des bondieuseries en bois d'olivier. Son bras gauche porte la cicatrice d'une balle et il n'a pas oublié que son père a connu des années de geôle israélienne.

En premier lieu, se lever tôt pour la lumière, si chère aux photographes, et pour la chaleur qui balaye la contrée, on annonce des 45 °C dans le désert… Or du désert, nous allons en manger.

Dans la voiture qui nous mène au départ de notre première étape, le canyon de Wadi Qelt, se trouve aussi le jeune Awad, qui débute dans la photographie et travaille pour des sites internet. Et puis il y a Raphaël (Abu Soren), Yvan et François de Tétraktys qui achèvent une mission d'évaluation. Voilà plus de trois ans que l'association travaille à ce sentier. Ils ont créé un véritable cercle vertueux, allant quérir des subventions à toutes les portes (municipalités, conseils généraux, Europe). Avec ces fonds, ils ont pu missionner des guides de haute montagne français pour former les guides d'Abraham, ils ont pu acheter une voiture pour les permanents du bureau, ils ont réussi à financer des machines à coudre pour que des femmes puissent broder des draps et les daies d'oreiller identiques dans toutes les chambres du sentier.

Nous traversons Beit Sahour : 12 000 habitants, et son célèbre puits où la Vierge Marie se serait abreuvée lors de la fuite en Égypte. Nous ne sommes qu'à 2,4 km de Bethléem (les Palestiniens parlent de kilos !) et vers le nord, on peut observer l'urbanisation galopante des colonies. Comment distinguer un quartier de colons et un quartier de Palestiniens ? Facile : il suffit de regarder les toits des maisons et des immeubles, s'ils sont plats et couverts de réservoirs cylindriques noirs ce sont des Palestiniens, s'ils sont pentus et dépourvus de réservoirs ce sont des colonies. L'explication est simple : les colonies ont des forages et des captages et contrôlent toute la distribution de l'eau… Il est alors indispensable aux Palestiniens de stocker de l'eau car régulièrement, en été, les colons suppriment purement et simplement leur approvisionnement. Sur le bord de la route, à l'heure où commence l'effervescence, des hommes préparent du café fumant dans des cafetières à grand bec en laiton jaune. Il nous faut une vingtaine de minutes sur une route qui descend en fond de vallée pour arriver à pied d'œuvre.

Nous découvrons loin de toute habitation une étendue de pierres avec des canyons qui semblent abriter des caches de verdure. Un aigle, puis un petit héron (pourpre ?) s'enfuient à notre approche, et bientôt nous débouchons vers une oasis occupée par des Bédouins.

Le marquage du sentier est original : un dessin stylisé de l'arbre d'Abraham (un chêne), parfois en concurrence avec d'autres balisages plus anciens (le Soufi Trail, le Jesus trail).

L'arc brisé d'un aqueduc de pierre barre un vallon. Est-ce bien Hérode qui a bâti ce canal, l'an 10 avant J.-C., pour abreuver son palais d'hiver au-dessus de Jéricho ?

Le paysage est somptueux, des ocres, des rouges, que la chaleur fait trembler et puis près des roseaux et des chênes qui abritent un cours d'eau, une maison paisible encerclée de palmiers. Je ne peux m'empêcher de revoir ces stupides et adorables paysages où Charlton Heston jouait à Ben-Hur. En remontant le canyon, on atteint des sources. Quelques vasques d'eaux claires, des poissons vifs et noirs, une sorte de marmotte (le daman des rochers) jaillit d'une branche basse… À terre, près de l'eau, une multitude de grenouilles miniatures… Nous suivons le canal d'irrigation, le cri des huppes qui se mêle à celui des hirondelles de rocher et à quelques bêlements de brebis nous accompagnent, et cette eau qui court dans son étroit canal de pierre, insensible au désert.

La vallée opère un grand virage et se creuse, nous marchons à plus de 100 m de dénivelé du fond de l'oued. Les falaises se sont hissées, et puis il apparaît. Plaqué à la falaise, se fondant en elle, grandiose : le monastère Saint Georges de Choziba. Oui, dans cette falaise percluse de grottes, des ermites séjournaient et finirent par édifier un monastère comme lieu d'unité. Il fut bâti au ve siècle par saint Jean de Césarée, et la légende affirme qu'Élie, le prophète, a vécu dans une de ses grottes. Ceux qui ont fréquenté les Météores en Grèce reconnaîtront le vertige des échelles de bois qui mènent à des cavités improbables, où les ermites pouvaient s'enivrer de silence et de vertige. Le monastère orthodoxe est occupé par des moines venus de Grèce. Nidal avait heureusement prévu un survêtement supplémentaire, en short je n'aurais pu entrer.

Passé le porche, des moines à chignon, barbes et robes noires, nous accueillent. Un seul parle un peu l'anglais. Les visiteurs peuvent boire tout leur saoul, l'eau abonde, nous avons même droit à des bonbons… Des pèlerins russes et brésiliens nous ont précédés, ils sont arrivés au monastère par une petite route qui franchit le canyon. Tous vont prier dans une salle où repose le corps d'un saint, l'encens sature l'air. Au plus ancien moine je demande :

— À quel âge vous est venue la vocation ?

Il me répond en souriant :

— Ce n'est pas une question d'âge, c'est une question d'esprit, si vous le souhaitez, vous pouvez être moine.

— Êtes-vous ici pour longtemps ?

— Nous sommes là pour la vie.

Ces moines ne s'isolent plus dans les grottes, les traditions érémitiques se perdent. Dehors, la chaleur nous rattrape. Le canyon s'élargit et loin devant dans la brume, il nous semble voir Jéricho et ce mont de la Tentation où Jésus éprouva le vertige de succomber. Notre sentier débouche sur les restes du palais d'Hérode, rien de spectaculaire, des restes de murs en briques de terre, des colonnes et parfois des mosaïques délavées, poussiéreuses. Le site n'est ni protégé ni entretenu. Ici nous nous trouvons en zone C, c'est-à-dire en zone contrôlée par Israël, aucun travail n'est possible sans autorisation… Hérode est-il enterré ici ? ou plus loin vers Teqoa sur la colline de l'Hérodion, aménagée par les Israéliens, ou son cadavre fut-il dévoré par des lions sur le chemin de Bethléem ?

Nous allons passer notre seconde nuit en terre palestinienne à Jéricho dans le camp de réfugiés d'Aqabat Jabr, à plus de 240 m sous le niveau de la mer, dans cette ville considérée comme une des plus vieilles villes du monde.

Le Women Center d'Aqabat Jabr est clos par une grille, trois jeunes femmes souriantes et bavardes nous ouvrent… Vite, elles nous montrent le local tout neuf qu'elles ont conçu avec Masar Ibrahim pour nous héberger. Dans la cour, il y a toujours les presses qui ont permis de fabriquer les briques. Aqabat Jabr est un des plus vieux camps de réfugiés de Palestine, créé en 1948, il accueille aujourd'hui près de 7 000 habitants.

Toutes les femmes que nous rencontrons travaillent à différentes tâches dans le camp : elles réalisent par exemple chaque jour plus d'un millier de repas pour les enfants. Je parle surtout avec Djemileh. Cette dame qui me précise que son prénom signifie « *beautiful* » en arabe, sourit constamment. Elle ne sait rien du village d'où ses parents sont venus, c'est si loin maintenant mais elle l'évoque comme si c'était un lieu de paradis. Les fonds de l'Unrwa assurent quelques services, sa fille aînée a bénéficié d'un microcrédit qui lui a permis de créer un salon de beauté dans sa propre maison. Sa plus jeune fille a monté un studio photo où elle immortalise de jeunes enfants dans les bras d'un ours en peluche avec un décor qui mêle Mickey et Bob l'éponge. Ses deux filles montrent un visage étonnamment maquillé, visage lunaire tout blanc et yeux cernés de khôl noir, et des lèvres rouges, chair de cerise… Dans ce centre de femmes, il existe même une salle de fitness et je m'aperçois que la cuisine a été en partie sponsorisée par la firme Mitshubishi ainsi que l'Unesco.

Avant de dîner, nous allons à Jéricho où nous attend Weaam Iriqat qui travaille depuis vingt ans à la culture pour la municipalité. Chevelure noire au vent, Weaam nous reçoit dans un bureau surchauffé, elle parle français et est fière de nous annoncer que Jéricho est jumelée avec pas moins de sept villes françaises. Coordinatrice du « sentier », elle compte que les touristes s'arrêtent dans la ville, prennent le temps de visiter, de s'installer pour une ou deux nuits, avant de s'évanouir vers le mont de la Tentation ou les fonts baptismaux du Jourdain. Son père, qui fut communiste, a passé plusieurs années de sa vie en prison, il a dû s'exiler au Liban, en Syrie. Pas de colère dans sa voix, mais sur le toit d'où nous contemplons la ville, Weeam n'ose croire à la paix… En chemin, nous rendrons visite à une famille dont une aïeule fume encore la longue pipe traditionnelle. Le petit-fils, policier pour l'autorité palestinienne, nous montre sur son smartphone des photos de lui en uniforme. Il fume cigarette sur cigarette.

Toute la famille nous a rejoints et, sur des sièges improvisés, sous l'ombre d'une vigne, nous buvons le café. Le tabac que fume l'arrière-grand-mère provient d'une herbe locale. À quelques pas de leur maison, le fameux *Sycamore Tree* : l'arbre de Zachée, où Jésus interpella le collecteur d'impôts il y a deux mille ans. À une quinzaine de minutes, en direction de la mer Morte, le Jourdain. Une rive en Palestine, une rive en Jordanie… Des pèlerins russes ont loué des aubes blanches, ils se plongent dans l'eau boueuse où le Christ fut baptisé. Sous leurs aubes transparentes, les curieux sous-vêtements des babouchkas se dévoilent, un peu vulgaires, un peu obscènes.

De retour au camp nous nous rendons chez la fille aînée de Djemileh. Le salon est meublé d'invraisemblables fauteuils argentés et les lumières du plafond (leds bleues et néons blancs) disent combien la maison est le cœur de la préoccupation de ces gens. À l'intérieur tout doit être parfait, luisant, reflétant l'idée de l'accueil, du confort ; un cœur énorme et rouge trône au-dessus d'un lit digne d'un palais royal.

Le lendemain, nous partons jusqu'au mont de la Tentation. Un téléphérique atteint le cœur de la montagne, et un hôtel-restaurant occupe son flanc ouest. Quelques Palestiniens voient cet hôtel d'un mauvais œil. Atteinte au paysage ? Ici, le commerce bat son plein, quelques dromadaires sellés attendent le touriste qui se prendra pendant quelques minutes pour Lawrence d'Arabie. Nous filons sur le mausolée de Moïse (Nabi Mosa). Le site est clos, il nous faut réveiller un Bédouin qui sommeille dans une tente où l'on sert café et thé au milieu d'une bimbeloterie d'articles plus ou moins artisanaux.

Bâti sur une colline, le mausolée a des allures de caravansérail. Peu de temps en arrière, Nabi Mosa était un centre de désintoxication pour toxicomanes. De nombreuses tombes cernent le bâtiment, et le tombeau n'est visible que depuis la lucarne d'un mur, l'encens brûle en permanence. Pendant des années, ce fut un lieu de pèlerinage très prisé mais nous sommes une fois de plus en zone C et toute activité est très encadrée. Les colons ont chassé les Bédouins, et les routes interdites aux Palestiniens dessinent une cartographie de la séparation. Notre périple nous conduit une fois de plus à Beit Sahour où nous devons rencontrer la municipalité, assister à la grande fête du *snake cucumber* (prononcer « *fokhouss* », sorte de cornichon géant que l'on mange cru) et enfin rencontrer le centre du docteur Mazin Qumsiyeh, l'homme qui a écrit *Une histoire populaire de la résistance palestinienne.*

Pour moi, c'est une journée étrange, probablement parce qu'on marche trop peu… J'apprécie cependant cette discussion sans tabou avec le maire de Beit Sahour, qui pose sous un portrait d'Arafat et un tableau montrant saint Georges terrassant le dragon. Le maire nous dit, comme de nombreux interlocuteurs, combien le sentier lui semble un bon projet alternatif au tourisme religieux traditionnel mais, comme tous nos interlocuteurs, il n'est guère optimiste sur l'avenir. Depuis sa fenêtre, il nous montre les colonies israéliennes qui s'étendent :

— Quel futur pouvons-nous espérer sous cette occupation ? La seule chose que nous pouvons espérer, c'est que des gens puissent venir ici et se réveiller en voyant la réalité. L'état d'esprit d'un touriste change très vite dès qu'il passe un check point.

Chez le docteur Mazin Qumsiyeh, l'ambiance est encore différente. Le bonhomme a créé une sorte d'école de la paix, doublée d'un musée de l'environnement et d'un laboratoire de recherche sur la faune et la flore. Avec sa compagne d'origine asiatique, il briefe une petite armée de volontaires qui viennent l'aider à jardiner, à s'occuper des vergers et des abeilles, ou à effectuer des recensements de papillons et de grenouilles dans les sites où cela est possible ! Mazin a vécu longtemps aux États-Unis et ce matin, devant une petite cour composée d'une poétesse arabe âgée, d'un jeune couple autrichien tout droit sorti d'un magazine de mode et de quelques Espagnols, il donne une petite conférence, avec film à l'appui sur son ordinateur.

Mazin parle beaucoup de non-violence, cette notion que les Palestiniens nomment plutôt « *sumud* » et qui implique une patience de tous les instants face aux « tracasseries » (euphémisme) israéliennes.

— La résistance c'est faire preuve de patience à un check point, c'est garder l'espoir, c'est donner au monde un autre visage, c'est aussi raconter que 500 millions d'oiseaux traversent chaque année notre pays et que nous possédons 70 espèces de papillons dans notre jardin.

Sur un banc, à l'ombre d'un abricotier, l'épouse de Mazin, Jessie, nous offre du gâteau au miel.

Ensuite, à Bethléem, Nidal nous fait goûter les meilleurs falafels du monde chez Afteem, une maison fondée en 1948. Nous reprenons le sentier, urbain cette fois, de Masar Ibrahim, qui trace dans le vieux Bethléem. Dans les rues en pente, chargées de commerçants, des enfants courent avec des caddies de supermarché, ce sont des coursiers qui opèrent entre les parkings et les magasins. Nous achevons notre city-tour à l'église de la Nativité, le temps d'écouter un guide francophone expliquer à ses ouailles que Jésus n'est pas né dans une grotte mais dans une mangeoire et qu'Israël regorge de sites saints. Non, il ne prononcera jamais le mot Palestine. La balade prend réellement fin devant le mur de séparation en béton. Est-ce le mur qui a fait dire à Desmond Tutu en visite dans le coin : « Notre apartheid, à côté de cela, était une promenade dominicale ! » ?

Mur de béton, barbelés, miradors, comment vivre avec cela ? Les Palestiniens le peignent, collent des histoires, tracent des slogans (« *Make hummus, not walls !* ») et un tagueur inspiré vend même ses œuvres en photos, photos qu'il expose entre des bombes de peinture. Ailleurs près du camp de réfugiés d'Aïda, les Palestiniens ont peint un grand rectangle blanc qui leur sert d'écran lors des retransmissions des grands matchs de foot.

À 18 h, nous sommes au cœur d'une kermesse champêtre pour fêter ce fameux concombre qui ne pousse qu'à ce moment précis de l'année. Les voitures se garent près d'une route où, tout proche, un mirador semble épier chaque mouvement. Manèges *made in Palestine*, chansons et discours, la présentatrice dans une belle robe brodée accepte de poser pour mon appareil. Le concombre : un beau prétexte pour se retrouver et faire la fête.

Entre Salomon et les Byzantins de Tekoa

Nuit chaude, trop d'images dans la tête. Presque heureux de me lever en pleine nuit pour partir près des piscines de Salomon, dans le village de Artas où le sentier se transforme en route pour le village de Tekoa.

Au nombre de trois, les vasques de Salomon, creusées dans des collines bardées de pins, avaient été construites (mille ans plus tard par les Romains) pour alimenter Jérusalem. Juste en face : un palais des congrès très cosy, un peu incongru !

Nous sommes à 732 m d'altitude, la chaleur est déjà présente, mais la verdure, celle des oliviers, des rosiers et des sortes d'eucalyptus, rafraîchit le site. Artas, dit-on, viendrait d'*hortus* (« le jardin »). La marche est incertaine entre le village et une colline où des bulldozers creusent de nouvelles voies pour l'extension d'une colonie.

En effectuant une descente le long des vergers nous arrivons bientôt dans un lieu idyllique : le couvent *Hortus Conclusus* (« le jardin clos »).

Étrange surprise que ce bâtiment cerné de fleurs et de verdure où nous accueille sœur Rose. Elle vient d'Argentine. La plupart des nonnes du couvent d'Artas viennent aussi d'Amérique du Sud, elles appartiennent à la Congrégation des filles de Marie du Jardin, fondée en Italie.

Le couvent fut inauguré en 1902 et, aujourd'hui encore, les sept bonnes sœurs qui l'occupent animent un jardin d'enfants et un dispensaire pour les personnes âgées. Elles ont aussi pour mission de cultiver chacune un petit jardin de fleurs. Devant un bosquet de lauriers, sœur Rose, au sourire d'ange, nous évoque combien cette mission vient commémorer le texte que l'on dit écrit par Salomon : le *Cantique des Cantiques*…

« Tandis que le roi est en son enclos,
mon nard donne son parfum.
Mon bien-aimé est un sachet de myrrhe,
qui repose entre mes seins. (…)
Que tu es belle, ma bien-aimée,
que tu es belle !
Tes yeux sont des colombes. (…)
Derrière ton voile,
tes cheveux comme un troupeau de chèvres,
ondulant sur les pentes du mont Galaad.
Tes dents, un troupeau de brebis à tondre
qui remontent du bain.
Chacune a sa jumelle
et nulle n'en est privée.
Tes lèvres, un fil d'écarlate,
et tes discours sont ravissants.
Tes joues, des moitiés de grenades,
derrière ton voile.
Ton cou, la tour de David,
bâtie par assises.
Mille rondaches y sont suspendues,
tous les boucliers des preux.
Tes deux seins, deux faons,
jumeaux d'une gazelle,
qui paissent parmi les lis.
Tu es toute belle, ma bien-aimée,
et sans tache aucune ! »

Comment la Bible a-t-elle su produire un texte qui célèbre la beauté et plus loin le plaisir de l'amour charnel ? Salomon s'adressait-il à la reine de Saba ? J'ai souvenir d'un péplum où cette dernière était incarnée par Gina Lollobrigida : « Ses deux seins : deux faons jumeaux d'une gazelle ! » Ça lui allait bien, à Gina.

Sœur Rose, mariée à Dieu, songe que la femme est un jardin fermé, et pourtant Marie sut s'ouvrir au Seigneur. Elle répète à l'envi que la guerre n'a jamais produit rien de bon et que, depuis près d'un siècle, les habitants musulmans, à l'image du couvent, ont appris à planter des fleurs un peu partout. Nous goûtons quelques abricots du jardin de Salomon et nous rejoignons le centre-ville du vieil Artas où les habitants ont créé un petit musée ethnologique. L'occasion de voir quelques travaux photos des années 1920 d'une anthropologue finlandaise, Hilma Grandqvist, qui a su témoigner de la paysannerie palestinienne avant 1948…

Tout près de là, dans un atelier doté de quelques machines à coudre électriques, deux jeunes femmes enjouées nous racontent le travail de broderie qu'elles ont accompli pour la literie de tous les lieux d'hébergement du sentier d'Abraham. Manal (24 ans) et Amira (22 ans) ont piqué et brodé chacune près de trente couvre-lits. Fièrement, Manal nous dit qu'il était plus important pour elle d'apprendre un métier que de gagner de l'argent et, avec cette machine à coudre qu'elle a appris à maîtriser, elle a désormais un vrai travail.

Quand Nidal nous ramène sur le sentier, les choses se corsent un peu, nous avons repris le cours de la vallée mais très vite, les marques disparaissent, il faut couper dans les vergers, parfois remonter des terrains vagues pas toujours sympathiques ou longer des carrières de pierre. La chaleur est telle que c'est en voiture que nous finirons notre route vers Tekoa.

Nous sommes la veille du ramadan. Il règne à la fois un esprit de fête et quelques inquiétudes : les jours seront longs sans boire ni manger. À Tekoa, le maire et le directeur de la culture nous reçoivent, fiers de ce sentier d'Abraham qui permettra de faire découvrir des richesses archéologiques inédites. Mousa Al Shaer, avec Selim, va nous conduire en 4 x 4 dans le désert. Bien sûr nous longeons une fois de plus des colonies, et ici presque tout le terrain est en zone C. Mousa se désole pour tous ces vestiges antiques qu'il ne peut mettre en valeur. Il a pu ramener un jour une sorte de vasque ornée d'une croix, et au moins dans son jardin, elle ne craint pas les pillards. Le paysage est dantesque : un désert chaotique, à perte de vue, des vallons profonds et des cuestas creusées de dizaine de grottes, idéales pour abriter les troupeaux. Des Bédouins arpentent ces territoires avec leurs chameaux, leurs chèvres aux oreilles si longues et leurs petits ânes gris. Quand notre véhicule stoppe, très vite, un rocher m'étonne : on dirait une ammonite géante ; c'est le socle d'une colonne. Il faut marcher dans les pierres et on remarque vite des éclats de mosaïques de toutes les couleurs : bleu, vert, blanc, rouge… Où gisaient ces carreaux, quelle scène peignaient-ils ? La réponse vient plus tard, dans une zone où l'on constate l'existence d'anciens murs, de fondations où s'accumulent des fragments de marbre immaculé. Une dépression s'ouvre sur un porche souterrain. En s'accroupissant, on pénètre vite dans une crypte, avec ses arches et ses colonnes et son sol pavé de pierres. Nous sommes dans le lieu-dit Khirbet Umm el Amad qui signifie « la Mère des piliers ». Curieusement, peu de gens au village ont visité cet endroit, ils le connaissent simplement de nom ; seuls des bergers comme Sliman, que nous avons croisé sur son âne, jouent probablement à collectionner quelques étranges sculptures. La Mère des piliers est peut-être un site byzantin… Plus loin, on découvre l'entrée de ce qui pourrait être une étonnante citerne d'eau, toute de pierres sèches… Selim me pousse vers d'autres colonnes, il s'amuse surtout à cueillir des armoises, des menthes et d'autres plantes huileuses très odorantes dont j'ignore les noms. Mais Selim, qui ne parle pas anglais, se fait vite comprendre : celle-ci est bonne pour l'estomac, l'autre pour les maux de tête. Lui qui est maçon, qui travaille pour les Israéliens, est d'abord un homme de nature, ses mains en ont l'épaisseur. Il ne manque pas de nous conduire très loin, vers des abris troglodytes et il ne manque pas non plus de dénicher une superbe vipère qu'il tuera à notre grand dam. Que vont devenir ces sites ? Personne n'ose le dire… C'est cela, la zone C : du stérile.

Ce soir, nous sommes dispersés dans différentes familles, je me retrouve dans la famille d'Ayoub et Hayat. Ce jeune couple vient d'avoir son premier enfant dix jours auparavant, Ayoub en est fou. Son épouse (Hayat, qui signifie « la vie », me précise-t-elle) est journaliste, sans travail, elle a nommé sa fille Masa : « le diamant ». Ayoub est ingénieur, son frère Ahmed policier. J'ai droit à visiter toute la famille, y compris le vieux grand-père dont la moustache en impose :

— On dirait le roi Hussein ! me souffle Ayoub.

Le repas ce soir est particulièrement somptueux, je dîne dans le jardin avec le père : feuilles de vignes et courgettes farcies, poulet grillé et d'inévitables concombres… Le père s'inquiète pour le ramadan et me dit :

— Ce soir je fume un paquet de cigarettes entier…

Et, sans aucun lien, il soupire :

— Nous demandons à vivre en paix mais personne ne nous répond.

Plus loin de notre terrasse, dans une nuit troublée par la lune, un minaret est illuminé de guirlandes vertes.

— Le ramadan c'est la fête. Et, ajoute Ayoub, ce qui est important dans ce ramadan c'est que nous sommes tous rassemblés.

Raphaël nous a prévenus : le ramadan risque de compliquer un peu les choses, et j'avoue que ce matin, vers 6 h, face à mes galettes, ma confiture d'abricots et la petite cafetière qui diffuse son parfum, je me sens gêné face à mes hôtes dont le jeûne débute aujourd'hui même.

Un taxi vient nous chercher dans nos maisons respectives, et chacun d'échanger sur sa soirée palestinienne. On jalouse tous un peu Maja et son statut de femme qui lui permet d'entrer plus facilement dans une intimité domestique et de discuter mariage, enfants…

Cette fois nous avons un autre guide, Muhannad, un jeune homme volubile qui parle un anglais impeccable et chantant. Le point de départ du sentier qui doit nous mener au Tombeau des Patriarches à Hébron est un lieu étrange. Une sorte de petite maison, avec une cour intérieure, perdue sur une colline de broussailles. À l'intérieur de la maison, entourée d'une petite barrière, une pierre est scellée dans le sol, elle porte en creux la trace de deux empreintes de pied. On dit que ce sont les pas d'Abraham, qui, en voyant ce qu'il advenait de Sodome, aurait bondi en l'air et c'est en retombant que ses pieds se seraient imprimés dans le sol.

Juste à côté, un mirador israélien. On aperçoit par de petites meurtrières la présence de soldats. Le sentier descend dans les champs, il traverse des vergers, s'attarde près de quelques ânes qui paissent de maigres arbustes. En une heure, nous atteignons une grande route, sorte de nationale à quatre voies où patrouillent des 4 x 4 de l'armée, très impressionnants. Il nous faut marcher quelques centaines de mètres sur le bas-côté de la route avant de retrouver le chemin qui nous conduira au cœur de Hébron. Des soldats nous doublent, se garent un peu plus loin, est-ce pour nous ? Ils en seront pour leur frais puisque nous changeons de direction, droit vers la colline qui nous domine. Visiblement cela les intrigue, jumelles en main ils épient notre marche débonnaire en plein soleil.

Le paysage est une fois de plus étrange, étalant des hangars de tôle qui ne sont que des grandes fermes, où s'entassent des vaches blanches et noires. Bientôt apparaît Hébron, la ville qui théoriquement clôt le parcours puisque c'est ici, entre une mosquée et une synagogue, que nous allons rencontrer Abraham.

Peu de monde dans la rue, est-ce dû au ramadan ? À la chaleur ? Nous entrons dans le vieil Hébron par un dédale de rues bordées d'incroyables maisons de pierre proches de l'écroulement. De quand datent-elles ? Elles semblent sortir d'un Moyen Âge oublié. Le guide nous indique une ligne de plots en bétons peints en vert et surmontés de hauts grillages. En théorie, en tant que Palestinien, il devrait marcher de ce côté de la ligne verte, mais Muhannad s'en moque. Effectivement plus bas, alors qu'apparaît le site d'Abraham, un check point nous attend. De jeunes soldats un peu endormis, au chaud derrière l'épaisseur de leurs gilets pare-balles, jettent à peine un coup d'œil à ces étranges pèlerins qui se promènent avec des bâtons de ski de rando. Face à la mosquée, nous entrons dans le magasin d'Habib, un curieux personnage qui tient boutique au milieu d'une place sous haute « protection israélienne ». À quelques mètres des soldats, Habib, plus connu sous le nom de « Crazy Habib », raconte à qui veut l'entendre qu'on lui a proposé des sommes mirifiques pour quitter sa boutique. Il faut dire qu'ils ne sont que trois familles palestiniennes à tenir dans ce lieu et qu'ils sont tous « black-listés ». Habib a refusé le pactole, mimant le coup de pied qu'il a mis dans la liasse de billets… Personne, ni l'argent ni les soldats, ne le délogera, Habib est là, depuis des générations, indomptable. Il nous montre d'ailleurs la dernière rixe à laquelle il s'est confronté, et qu'un œil indiscret a filmée depuis un portable. Des civils et des militaires le frappent sans vergogne alors qu'il gît à terre et d'autres brisent ses étalages de souvenirs.

Bien sûr, nous allons visiter la mosquée… Elle fut jadis une église, on en voit encore les signes. Des tombeaux, abrités sous des dais de tentures vertes, trônent sur le sol couvert de tapis de prière. Au mur un tableau électronique affiche toutes les heures de ramadan dans le monde entier. Si des Indonésiens visitent ce site avec toute la piété qui sied, deux jeunes musulmanes font des selfies tout en tenant des feuilles de papier couvertes d'inscription. Quand je leur demande ce qu'elles font, l'une d'elles sourit et me dit : « C'est pour Facebook ! » Le tombeau d'Abraham repose sous terre, une sorte de grille dans le sol permet d'apercevoir, dans les profondeurs, la lueur des bougies qui l'entourent. Face à nous, ce n'est donc qu'un mausolée vide, mais de l'autre côté, derrière des vitres, cette vision incongrue : les pèlerins de la synagogue à moins de 50 m. Muhannad nous explique que les vitres sont à l'épreuve des balles, rappelant au passage qu'un colon juif a un jour tiré sur la foule au milieu de la mosquée, causant la mort de 94 personnes. Oui, la guerre est présente à Hébron, elle me pèse… Nous irons cependant, sans notre guide, dans la synagogue car je tiens à humer le paysage inverse : apercevoir les pèlerins musulmans d'un autre point de vue. Dans ce lieu où les livres sont omniprésents, de jeunes hommes à la barbe longue potassent les écritures, un chapeau noir vissé sur la tête.

Ces lieux, si beaux soient-ils, m'oppressent, je préfère le souk que nous empruntons après être passés par un tourniquet métallique sous l'œil de militaires attentifs. Dans un dédale de rues se préparent les gâteaux pour la rupture du jeûne, on peut acheter des tapis, des poteries, de petits bijoux, ou des poussins vivants.

Il est alors intéressant de lever la tête car un grillage comble le haut de la rue, il est encombré de détritus de toutes sortes.

Quelques étages plus haut, des familles de colons juifs se sont installées, le drapeau d'Israël flotte à leur fenêtre. Des miradors les protègent, on dit que plus de vingt militaires veillent sur eux. Curieuse situation, curieuse provocation que de les voir jeter leurs poubelles dans la rue des commerçants palestiniens. Muhannad nous envoie cette fois expérimenter la « Ghost Town »… Il ne peut non plus entrer, un check point sérieux filtre les entrées de la rue… Une fois passés les militaires, c'est le désert : une véritable ville morte… Sur des mètres et des mètres, le silence, toutes les boutiques et les fenêtres des maisons sont murées… De temps à autre un panneau explicatif nous raconte qu'un terroriste palestinien s'est fait sauter, entraînant dans la mort tel couple de civils innocents dont on voit la photo. Cet attentat a nécessité la fermeture intégrale de cette rue…

Je n'en peux plus, trop de haine qui transpire. Il me faut maintenant m'asseoir dans cette maison où nous accueille une jeune femme qui a cuisiné pour nous. Elle a travaillé des heures à concocter de belles feuilles de vigne et des aubergines… Alors qu'elle ne mange ni ne boit, elle nous sert de grands pichets d'eau fraîche.

Notre périple nous amène cette fois dans un des bâtiments officiels de l'autorité palestinienne où nous avons rendez-vous avec Ahmed Joob, un éminent patron du département d'archéologie et un représentant du ministère du Tourisme et de la Culture… Dans son bureau, fort modeste, Ahmed s'excuse dans un premier temps de ne pas nous offrir de café, ramadan oblige. Puis il se met à parler, visiblement ému et fier de pouvoir s'exprimer face à des étrangers : « Allah a été très généreux avec Hébron, nous avons de très nombreux sites pour attirer les touristes. Malheureusement plus de 60 % de ce patrimoine historique se trouve en zone C et est donc inexploitable ! Nous essayons de faire classer au patrimoine mondial de l'Unesco un maximum de vestiges et nous aimerions que Hébron entre dans ce classement ! Rien n'est gagné. Le sentier est une aubaine, il permet de connecter de nombreux Palestiniens entre eux et le fait de loger chez l'habitant (le *homestay*) est une bonne chose, pas seulement pour l'économie, mais aussi pour les échanges culturels. En vivant, ne serait-ce qu'une journée dans une famille, on comprend mieux ce que nous endurons. *Ibrahim al Khalil* signifie "Abraham l'accueillant" et cela rappelle que l'identité palestinienne comprend autant les musulmans, les chrétiens, les Samaritains que les juifs. Il nous faut garder l'espoir que la tolérance l'emporte. »

Chez Sonia et chez Abu Ismaïl

Nous roulons à nouveau, cette fois vers Beni Naim, une fois encore nous serons hébergés séparément, chacun dans des familles palestiniennes. C'est la famille de Tariq Khdour qui me reçoit. La maman se prénomme Sonia et m'explique que son père a travaillé longtemps au Brésil, d'où peut-être ce prénom exotique. Il est 16 h et Sonia me propose de boire et de manger, je ne me sens pas de manger devant ces yeux alors je lui dis que je la soutiens et que j'attendrai 20 h pour manger avec toute la famille… Elle sourit.

Le papa a un bras en moins, il porte une djellaba noire, et me présente ses quatre enfants : les trois filles (Dana, Lana et Bana !) et son fils Abdehraman. Il me montre ensuite les photos qu'il a prises cet hiver quand la neige avait envahi le paysage. Beni Naim culmine à 958 m d'altitude. Comme dans toutes les villes, les jeunes de moins de 15 ans représentent 46,9 % du total des habitants dont 30 % sont au chômage.

Puis nous jouons à échanger des mots en arabe et en français, j'apprends les cerises (*wichna*), les tomates (*bendora*) et surtout je sais dire « délicieux » (*zaki*) et « je me sens bien » (*anna mabsout*). En attendant l'heure de la rupture du jeûne, je vais me balader dans la rue avec Abdehraman et Patrice, logé dans une famille en face. La ville est calme, quelques vieilles demeures datent du Moyen Âge. Partout, des hommes, des jeunes qui semblent attendre le chant qui libérera le jeûne, « Allah akbar ! », et que le muezzin lancera à 8 h du soir. Un pharmacien qui parle italien (c'est dans le pays de Dante qu'il a suivi ses études) est fier de nous faire découvrir son officine. Il est près de 8 h lorsque je rentre à la maison. Lana (l'aînée) frappe à la porte de ma chambre : c'est l'heure ! Sonia est une artiste de la cuisine et de la décoration. Elle a dressé une table incroyable, ce n'est pas pour rien qu'elle tient un blog sur lequel elle expose ses recettes, ses décorations. Pour ce premier soir de ramadan, elle a préparé un plat de mouton et de riz traditionnel, le menshaf, dont la sauce semble un lait ribot, parfaitement acidulé. De sa propre main, elle a conçu des jus de fruits d'une délicatesse parfaite mêlant l'abricot et l'argousier. À peine le repas terminé, une des jeunes filles se précipite sur le narghilé et le prépare pour le père. C'est elle qui amorce la fumée, aspirant d'un coup en riant une bouffée de tabac qui enfume toute la pièce.

Nuit calme, mes rêves ont des formes de murs.

Ce matin, nous avons retrouvé Nidal et Awad, je vais effectuer ma dernière randonnée sur un site désertique qui doit nous conduire à la tente de Bédouins de Abu Ismail.

Quand la voiture stoppe à l'entrée du sentier face au désert, Awad, qui pratique le ramadan, préfère s'abstenir. Je le comprends, à l'aube, il fait déjà plus de 25 °C. Nidal reprend la route, et plus nous avançons plus nous nous extasions. Dans un décor de désert travaillé par d'anciens fleuves, on atteint exactement la caricature d'un paysage biblique tel que des livres d'images nous l'ont imposé.

Quelques aigles s'ébattent dans les thermiques, et nous marchons, casquettes vissées sur la tête, avec nos bouteilles d'eau en bandoulière. Au fond des oueds, dans les creux d'ombre, se cachent des troupeaux de brebis. Au détour d'un sentier des vasques d'eau verte, et plus loin une grotte où l'on repère de nombreuses cavités et restes de colonnes. Nidal est déçu que ces ruines d'un monastère byzantin soient devenues un abri à moutons. Plus loin, il ramasse un long poil de porc-épic, quelques morceaux de mosaïques. Vient une lente montée pour atteindre un col d'où l'on aperçoit dans le lointain la silhouette des chameaux. Un 4 x 4 nous a rejoints, c'est Ismaïl, un jeune Bédouin qui le conduit avec dextérité. Il est 14 h lorsque nous nous écroulons dans une tente immense traversée par un vent fou et chaud.

Café, puis salade que Maja a coupée avec les enfants, poulet et riz. Un musicien, avec une bacchante remarquable, nous fait une démonstration de flûte, et il joue sur une sorte de violon… Les enfants ne quittent plus la blonde Maja, qui s'est fait adopter. Nous somnolons, écrasés par la chaleur et le vent… Puis Ismaïl fait démarrer son 4 x 4, histoire de nous emmener découvrir la mer Morte. S'ensuivent quarante minutes de sentiers très approximatifs, mais Ismaïl pilote son véhicule avec une parfaite maîtrise. J'ai même le sentiment qu'il connaît chaque pierre, chaque ornière. Quand il s'arrête au sommet d'une falaise, le choc est presque violent : des centaines de mètres plus bas, à l'aplomb des falaises brunes : la mer. La mer, verte, bleue et turquoise et ses côtes découpées de dentelles blanches. Bluffant… Ismaïl me signale qu'il n'est jamais allé en bas, qu'il ne l'a jamais vue plus près. Le silence nous gagne, ainsi se dessinent les paysages libres de la Palestine.

Et tout proche un dromadaire blanc mène son troupeau, lent, élégant.

En guise d'épilogue

Le soir même, je serai à Bethléem, avec Raphaël et Jacques (un chrétien franco-palestinien). Nous mangeons libanais (foie, rate, cervelle et testicules de moutons). Nous écoutons Jacques nous raconter l'Histoire, la promesse Balfour, le mandat britannique, Exodus, la guerre des Six Jours, l'Intifada, Gaza, etc.

Ces récits tellement connus qu'ils ne racontent plus rien. Mais plus bas, par la fenêtre ouverte, nous voyons le mur, la lumière des colonies… Ce monde n'est pas une invention. Et nous l'avons traversé.

ET MAINTENANT ?

Récemment, je suis monté sur un sommet de Chartreuse : Chamechaude, point culminant du massif, avec ses 2 082 m. Oh, je n'étais pas seul puisque je me confrontais à une horde de « trailers », tous et toutes plus affûtés. Nous sommes partis « en ligne » à 18 h 30 et quand je soufflais, tel un bœuf, à mi-pente, les premiers étaient déjà au sommet. J'ai fini par arriver, les jeunes étaient tous là-haut dégustant un coucher de soleil capable de vous réconcilier avec la terre entière. Nous avions tous fourni un effort puissant sans aucune récompense à la clé, sinon ce moment unique du grand spectacle du monde. Nous étions des marins postés dans la dunette, contemplant la houle de l'univers. Nous étions lavés par les derniers feux du soleil, récurés, abrasés de lumière. Nous étions les rois du monde, l'espace de quelques secondes, l'espace d'une illusion. La terre s'est enfoncée dans l'ombre, emportant les scories de nos doutes. Nous étions des privilégiés, nous étions heureux, ensemble, et nous le devions à cette drôle d'histoire toujours à écrire qui consiste à gravir des montagnes. Pauvre petite passion qui se vit sans spectateur, sans témoin, pauvre petite activité qui flirte encore avec la gratuité quand tout se vend. Je ne suis pas dupe, et sais aussi que la montagne est un marché. Mais dans l'inventaire de tout ce qui se vend et s'achète en montagne, le plus important résiste encore et toujours à n'être qu'un simple bien de consommation. Ce qui échappe à la marchandisation se nomme le bonheur. En montagne, le bonheur est un curieux concept. Il n'est pas là où on le cherche, il est plus surprenant qu'on ne l'imagine, il se nourrit de banalités et de contradictions. Oui, l'effort, le risque sont les compagnons de celui qui s'évade vers les cimes. En montagne quelque chose résiste à la facilité. Le chemin vers le haut est un peu une métaphore de la vie : atteindre le sommet puis redescendre vers le bas, vers la vallée. La vraie vie est en bas, la vie qui est dure, éphémère, parfois incompréhensible, la vraie vie qui est notre seul bien. Définitivement. Mais je vous assure : cette vie est plus facile quand de temps en temps on ramène une étincelle de là-haut. J'ai compris, ce soir de Chamechaude, ma chance et celle de tous ceux qui foulaient cette cime… Qui remercier ? J'ai baissé la tête, serré fermement mes deux bâtons, la nuit m'attendait. Et des jours et des jours ne manqueraient pas de se lever. Quel paradis.

TABLE

11 Avant-propos

13 **(Més)aventures himalayennes**
15 En ratant (de peu) le sommet… En ratant cependant !
18 Apprenti médecin à 5 300 m d'altitude
20 Gastronomie sur le toit du monde
23 Dis-moi ce que tu lis…
25 Un gros problème
28 Les dés sont jetés !
31 Et le yéti dans tout ça ?
34 La preuve du sommet
36 Un courrier sympathique
38 La sanction
40 Des coquillages à 8 000 m
42 Le chien le plus haut du monde
44 Méditer pour avoir chaud
46 La fin des Barrard
48 La mère des alpinistes
50 Éternel Wilson

54 **Cimes des quatre coins du monde**
56 L'homme qui n'a pas vu l'ours

59 Un sommet heureux
61 Une nuit au fond d’une crevasse
63 Le blanc manteau
65 Fumer nuit ?
67 Les rescapés du mont Blanc
69 La reine meije
71 Les diables de l’Eiger
73 Les oiseaux solaires
75 L’inaccessible est vaincu
78 L’arche perdue
80 Dans les jardins d’Iran

83 **Petites considérations philosophiques au sommet**
85 Liberté chérie
87 Un géant
89 Un réveillon douteux
91 Du nom des voies
93 Le meilleur moment
95 Un chamois boussole
97 Parole de Desmaison
99 La colère de Rébuffat
101 La plus belle montagne du monde
103 La reconversion des alpinistes (enfin, ceux qui restent !)
105 La peur et la beauté
107 Faire ses gammes
109 La survie et l’échec
111 Le jeu du risque
113 La montagne a-t-elle un sexe ?
115 L’amour au sommet ?
118 Un mot épinglé sur la porte d’un refuge : l’imprévu

128 **Paysages libres de Palestine**
129 Al Khalil, « l'accueillant »
134 Du champ des bergers au palais d'Hérode
139 Dans la maison des femmes
142 De Moïse à la fête des concombres
145 Entre Salomon et les Byzantins de Tekoa
150 Au tombeau des patriarches
156 Chez Sonia et chez Abu Ismaïl
159 En guise d'épilogue

161 Et maintenant ?

Composition et mise en pages
Nord Compo à Villeneuve-d'Ascq

Imprimé en France par CPI
en avril 2019
N° d'impression : 3032648

POCKET – 12, avenue d'Italie – 75627 Paris Cedex 13

S28543/01